カリスマ講師が指導

# 剣道特訓これで進化

上巻

剣道時代編集部編

# カリスマ講師が指導 剣道特訓これで進化（上巻） 目次

特訓1

# 巧妙応じ技を身に着けよ

# 約束稽古だけでは足りない
# こうして面に対する応じ技を身につける

太田忠徳

技の原則

# 基本稽古でつくった基礎が技になる

応じ技は、相手の仕かけてくる技に対して応じて打つ技です。相手の技に対して、返す、すり上げる、抜くなどの方法で相手の技を封じ、瞬時に攻勢に転じます。剣道の妙味は相手の状況に応じて技を使い分けることにあります。応じ技を身につければ剣道の幅が広がり、有効打突を決める確率が高まります。

現象面では、相手に技を出させて打ちますが、待って打っていては成功しないのは周知の通りです。実力に大きな差がある場合は、そのような状態でも成功させることができるかもしれませんが、審査や試合などは実力が拮抗している相手と対戦することがほとんどです。

本番で通用する応じ技を身につけるには、普段から真剣味のある稽古をくり返すことですが、一般の愛好者の方々は、応じ技を身につける機会がなかなか少ないのも事実です。

ただ、剣道の場合、技を発するための土台である基本稽古を必ずしておかなければ応じ技に限らず、仕かけ技も身につけることができません。よって基本稽古を正しい方法で行ない、そこをベースに技の稽古をしていくことが重要です。

応じ技の稽古というと、二人組になって一方が面、小手を打ち、もう一方がそれに対して技をほどこす約束稽古がすぐに思い浮かぶと思います。もちろん約束稽古は重要な稽古法のひとつですが、それを充実させるためにも基本稽古を怠ってはいけません。

今回は、面に対する応じ技の解説をしますが、その前提となる基本稽古から紹介します。

構え

# 左手・左腰・左足で臨機応変の構えをつくる

応じ技には抜き技、返し技、すり上げ技などがありますが、電光石火、瞬時に行なわなければ成功しないのは周知の通りです。太刀筋を正確にし、応じる動作と打つ動作が一連の流れになるようにしなければなりません。この動作は、臨機応変の構えができていないと不可能です。よって普段の稽古では、まず自分の構えがしっかりできているかを確認することが大切です。

構えでとくに注意すべきは、足構えと手の内です。まず、足構えがおさまらないと、下半身のみならず上半身にも悪影響をおよぼし、構えが崩れやすくなります。わたしは、両足つま先を相手に正対させ、左足が外側に向かないようにしています。右足は紙一枚分浮かす気持ちで、左足は少し床から上げます。両足のひかがみは曲げすぎず伸ばしすぎず余裕を持たせています。

手の内は、左手の位置をきめ、左手・左足・左腰が一体となるような気持ちで竹刀を握ります。握るというとどうしても余分な力が入ってしまうので、左手で支え、右手は添えるという感覚を大切にしています。この構えを、対峙したときに極力崩さず、「いつでも打つぞ」という強い気持ちで攻めていきます。

## 臨機応変の構えをつくる

応じ技は、太刀筋を正確にし、応じる動作と打つ動作が一連の流れにならなければならない。臨機応変の構えでいることが重要

左手で支える気分で竹刀を握り、足は両足つま先を相手に正対させ、左足が外側に向かないようにする

右手は添える程度の感覚で握る。握ろうとすると余分な力が入るので注意する

素振り

# 竹刀を振り上げる動作が応じ技の基礎となる

### 振り上げる動作が重要

正確に竹刀を振り上げることができないと正確に竹刀を振り下ろすことができない。振り上げる動作は応じ技の基本動作になる。俊敏な応じ技を身につけるには、正確な素振りができなければならない

正確な振り上げ動作が、応じ技の基本動作になる

右手に力が入ると、左拳が前で上がってしまい、二拍子の振りになる

素振りは、剣道の土台をつくる上でもっとも大切な稽古法です。刀法の原則的な内容を体得するために必ず行なわなければならない稽古法であり、わたしも素振りは欠かさず続けてきました。仮想相手をできるだけ遠くに置き、速くやるのではなくて一本一本確実に自分が納得するように行なうことが大切です。左手で天井を突き破る気持ちで振りかぶり、竹刀を投げ出すような気持ちで振り下ろします。振り上げ、振り下ろしは一拍子で行ないます。

右手で振りかぶろうとすると、左拳が前で上がってしまい、二拍子になってしまいます。これでは正しい竹刀操作が身につきませんのとくに注意したいところです。

この振り上げる動作が、応じ技の基本動作になります。例えばすり上げる動作

は、竹刀の打突部の鎬を使いますが、振り上げる動作がともないます。応じ技は、正しい振り上げ動作から展開していくことを知っておきましょう。正しい振り上げ動作なしに、応じ技は成功しません。

素振りは一人でできる稽古法です。道場に行かなくてもできますので、わずかな時間をみつけ、素振りを続けることが大切です。

## 切り返し

# 左手を正中線から外さないように手首を返す

切り返しは、正面打ちと連続左右面打ちを組み合わせたもので、基本動作を総合的に修得する稽古法です。手首を返す連続左右面が応じ技の基本動作に発展することは容易に想像できると思いますが、日頃の稽古で必ず行ないたいものです。

左手を身体の正中線から外さずに左右面を打つ。
手首の返しが、応じ技を遣う手の内になる

## 切り返し

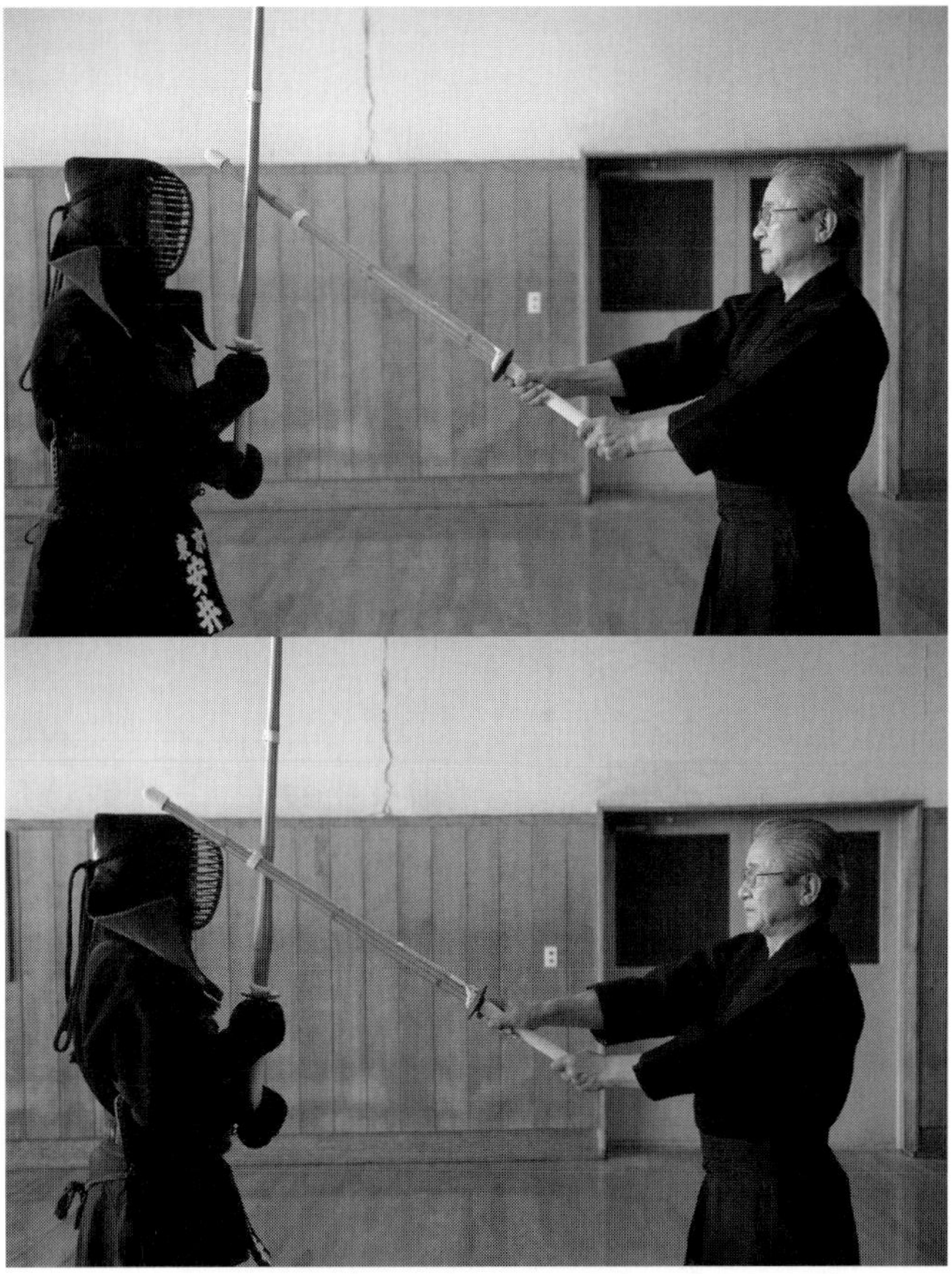
相手の左面、右面をしっかりと打つ

竹刀を振り回すような動作では剣道の手の内を修得できない

一般の愛好家は地稽古が中心で、切り返しを受けてもらう機会も少ないかもしれません。しかし、上手の先生方にお願いする指導稽古では、最後に「切り返しをお願いします」と申し出ても失礼にあたりません。稽古の終了時、必ず打ち込み、切り返しを受けてもらうようにするだけでも、稽古の内容が変わってくるはずです。

切り返しは、間合のとり方、足のさばき方、振り上げ、振り下ろしの動作による上肢の遣い方、足さばきと竹刀の一体的な遣い方、手の内の極めと脱力の仕方などを覚えるものですが、左拳を身体の正中線から外さずに竹刀を振ることが大切です。左右面のとき、左拳が大きく外れて回すように振ると悪癖がついてしまうので注意します。

振り回すような動作は、応じ技につながりません。なぜ、切り返しをするのかを考え、正しい太刀筋を覚えるように意識して稽古します。

技法

# これだけは身につけたい5種類の面に対する応じ技

応じ技を身につけるには、構え、素振り、切り返し（打ち込み含む）、この基本を常に欠かさないようにして稽古を続けることが大切です。しっかりとした土台をつくらないと、丈夫な家が建たないのと同じです。ただ、限られた時間で稽古をしなければならないので、効率よく行なう必要もあります。

面に対する応じ技ですが、わたしは以下で紹介する5種類を身につけておくべきと考えています。応じ技は、相手によって通用しない技もあります。例えば打突後、手元をすぐに下げる人には面返し胴は打ちにくいものです。このような相手には、面すり上げ面で対応することが求められます。応じ技は、充実した気攻めから反射で打つものですが、技を遣う場合の注意点を上げておきます。

**出ばな面**

出ばなを捉えるつもりで攻める

### ●出ばな面

出ばな面は、仕かけ技に分類することもありますが、剣道は、相手が動こうとしたところを打つことが攻めの原則ですので、最初に紹介しておきます。昇段審査で出ばな面が決まればほぼ合格といわれるほどの極上の機会です。相手をジリジリと攻めていき、相手が「危ない」と思い、心が動いた一瞬を面に捉えます。

この「動いたら打つ」という気持ちを相手と対峙したときに忘れないことが大切です。最初から来たものを返してみよう、すり上げてみようと考えると必ず遅れますし、そう思ったときは、攻められていると考えられます。よって、まずは、相手の出ばなをとらえるつもりで攻めていくことが大切です。その攻めが相手の状況により応じ技へと展開すると考えましょう。

### ●面抜き胴

面抜き胴は、相手が面に出てきたところを、体さばきを伴って胴を打ちます。胴を打つときは右斜め前に出ながら打ちます。相手の竹刀に自分の竹刀を触れないで相手に空を打たせて打つ技です。早くから抜く動作に入ると、自分から相手に隙を与えてしまうことになります。しかし、遅くなってしまうと後手にまわってしまい、打たれる危険性が高くなります。相手の動きをよく見極

**面抜き胴**

相手の動きをよくみて瞬時に胴に抜く

めて技を出すことが大切です。

胴を打つときは、左手の位置をすべらせて移動し、手の内を自由に変化させます。胴打ちは左手の位置を変えないと滑らかに打つことはできません。

●面返し胴

面返し胴は、面に打ち込んできた相手の竹刀を迎えるようにして応じ、すかさず手首を返して胴を打つ技です。相手の面を充分に引き出しておいて胴に返しますが、竹刀は引き込んで返すのではなく、前方でさばくようにして返します。肘を曲げて、手元に引き込むようにして返すと、相手の面打ちの勢いに負けてしまいます。

返す動作は、相手の竹刀に対して小さな角度で、鎬を使って返します。手首に力が入ると受けっぱなしになったり、返す動作がスムーズにできなくなります。手首を柔らかく使い、応じる動作と打つ動作が一拍子になるようにします。

●面すり上げ面

面すり上げ面は、表裏2種類あります。すり上げる動作によって相手の刀勢をそらし、瞬時に打突につなげることが大切です。すり上げる箇所は、相手の技や勢い、間合などによって違ってきますので、あくまでも相手の刀勢をそぐことが重要になります。

**面返し胴**

相手の面を前方でさばいて胴に返す

## 面すり上げ面

すり上げることで相手の刀勢をそぎ、面を打つ

左手の位置をずらしながら胴を打つと竹刀操作が円滑になる

相手の面は前方でさばく。腕を曲げて引き込むと動作が遅れる

すり上げ方は半円、あるいは弧を描きながら相手側に伸ばすようにして行ないます。柔らかい手の内が大事であり、そうしないと、すり上げた動作が瞬時に打つ動作になりません。体さばきは、下半身から小さく鋭く行ないます。

**●面応じ返し面**

左拳を上げて面・小手・胴を防ぐ「三所防ぎ」は昨今、少なくなってきましたが、それが打つ動作につながれば、応じ技になります。面応じ返し面は、左拳を上げて相手の面をすり流すようにし、そこから面に返す技です。実戦ではあまり見られませんが、防ぐだけではなく、技に瞬時に転じられるよう稽古してほしいと思います。

**面応じ返し面**

左拳を上げて相手の面をすり流すようにして面を打つ

**稽古**

# 待つのではなく、引き出して打つには先をかけること

応じ技は、待って打とうとしてもなかなか成功しません。「応じ技は反射で打つもの。無意識で打つもの」と教えたのはそのためでしょう。

昇段審査では、大半の受審者が初太刀に面を狙っています。そこを胴に返そうと待っている受審者がいますが、そのような気持ちは構えにもあらわれるし、審査員にも伝わってきます。待って打つのではなく、常に先を取る気持ちで攻めていかなければ相手を動かし、打突を引き出すことはできません。

約束稽古を行なうときは、本番を想定し、緊張感をもって稽古をすることが大切です。本番と稽古は違うので、それを実現することは難しいかもしれませんが、元立ちは本気で相手を攻め、機会と見たところで面を打つことです。面を不充分に打って応じ技を打たせている元立ちもいますが、それでは稽古になりません。常に先をかけ、「動いたら打つ」という気持ちで攻めることが大切です。

わたしが警視庁の監督時代、先を取る感覚を養わせるために、次のような応じ技の稽古を行ないました。

一人が真ん中にいて、それをはさむように前後に3人ずつ並び、両方から交互に一人ずつ打ち込んでいき、それに対して応じるようにさせました。まず面に対する応じ技、全員が終わったら次は小手に対する技、締めは一方が面に対してなら、もう一方は小手に対してという稽古を2回連続して行なわせました。元に立っているものは、一人終わったらパッと振り向いて次の相手に対しますが、そのときには「待っているのではなく、一歩前へ出て先を取って応じろ。縁を切ってはいけない」と強調しました。先を取ることなしに応じ技は成功しないからです。

面は相手が打ってくる可能性がもっとも高い技と考えられます。これをこちらが主体で不充分な状態で打たすことができれば応じて打てる確率は上がります。そのためにも、相手が打とうとしたところで瞬時に反応できるよう、基本稽古を積み重ねながら、技の稽古を取り入れるようにしましょう。

平成22年、第106回全日本演武大会。小林英雄範士との立合

# 木刀稽古も有効 こうして小手に対する応じ技を身につける

太田忠徳

前章で面に対する応じ技の解説をしましたが、応じ技は、約束稽古をくり返すだけでは身につかないことを紹介しました。

応じ技には抜き技、返し技、すり上げ技などがあり、それらは電光石火、瞬時に行なわなければ成立しませんので、まずは臨機応変の構えをつくっておくことが大切です。それも静止した状態ではなく、動いた状態で相手とのやりとりのなかで臨機応変の構えをつくっておかなければなりません。それゆえ、素振り、切り返し、打ち込みといった基本稽古が必要となり、これらの稽古なしに応じ技を打つことはできません。

小手は、四つの打突部位のなかでもっとも至近距離にあり、「小手は玄関、面は奥座敷」といわれるように、狙われやすい部位です。小手は剣先が上がろうとしたとき、開こうとしたときが機会です。相手の小手を巧みに引き出して瞬時に応じることが大切です。

**木刀稽古**

## 間合・刃筋・鎬を意識して応じ技のリズムを覚える

応じ技はあくまでもこちらが気で攻めて勝っておいて、相手が苦しくなって無理に出てきたところをサッと抜いたり、返したり、すり上げたり、切り落としたりするわけですが、応じ技を身につけるには次のことが重要になると思います。

一、常に先の気位

二、仕かけてくる技と機会の見極め

**木刀で覚える小手抜き面**

相手が打突を起こすぎりぎりまで姿勢を崩さない

三、間合の見切りと体さばき
四、太刀筋の正確さ
五、手首を柔らかく遣うこと
六、鎬を使うこと

これらの項目を学ぶのにとても役に立つのが木刀による組太刀の稽古です。刃筋や鎬は丸い竹刀だとわかりづらいですが、木刀だとそれがはっきりわかります。

元立ちと習技者に分かれ、返し技、すり上げ技の動作を一拍子で行ない、動作を身体で覚えていきます。

無意識のうちに技を出せるようになるまで稽古をしないと本当に技が身についたとは言えません。自転車に乗るように無意識の状態で技を出せるようになれば身体全体に力みがなくなったと考えられるでしょう。反対に、身体のどこかに余分な力が入っているからぎこちない動きになってしまうのです。この木刀稽古できちんと形を覚えてください。「習うより慣れろ」です。

たとえば小手抜き面であれば、相手が小手を打つぎりぎりまで自分の姿勢を崩さず、相手の技が尽きたと同時に自分の技が決まっていることが理想です。また、小手打ち落とし面であれば、鎬ではなく刃部を使って行ない、打ち落としたら脱力し、その流れに乗って、間合が詰まらないうちに面を打ち込みます。

**小手打ち落とし面**

打ち落とすときは刃部を使って手の内の作用で行なう

## 技法
# これだけは身につけたい4種類の小手に対する応じ技

技はなるべく多く身につけておくことが理想ですが、小手に対する応じ技は少なくとも次の４種類は覚えておくようにしたいものです。一般愛好家の方々はなかなか稽古をする機会が少ないかもしれませんが、一人稽古で取り入れるなどして諦めずに挑戦してみましょう。

### ●小手すり上げ面

すり上げ技は、相手の打ってくる刀を体のさばきと鎬を使ってすり上げ、その刀勢をそらしてすかさず打つ技です。小手すり上げ面は表裏両方ありますが、裏鎬を使うのが一般的です。すり上げ技は受け、または払うのではなく、弧をえがくようにすり上げます。

すり上げる場所は、相手の技や勢い、間合によって違いますが、物打ち部分で行なうのが理想的です。後手にまわってしまうと手元付近ですり上げるかたちになってしまい、間合が詰まりすぎて打突が困難になります。手元ですり上げないためには、できるだけ早い機会に相手の技をすり上げなければなりませんが、あくまでも相手に行動を起こさせなければなりません。早すぎると相手に自分の動きを読まれてしまい、隙を与えることになります。

すり上げ方は半円、あるいは弧を描きながら相手側に伸ばすよ

**小手すり上げ面**

裏鎬を小さく使って面を打つ

うにして刀勢をそらします。柔らかい手の内が大切であり、そうするとすり上げた竹刀がそのまま相手を打つ働きに変換できます。小さく鋭く行なうようにします。

**●小手抜き面**

抜き技は、相手の竹刀に自分の竹刀を触れないで相手に空を打たせて打つ技です。早くから抜く動作に入ったのでは、かえって自分から相手に隙を与えてしまうことになります。日本剣道形二本目のように、ぎりぎりまで相手を引きつけておき、瞬時に抜くことが大切です。

小手抜き面は、その場で振りかぶって抜く場合と、体を後ろにさばきながら抜く場合の2種類があります。相手の小手の勢いに応じて使い分けます。相手の動きをよく見極めて行動を起こすことが重要です。相手が打突を起こすぎりぎりまで自分の姿勢は崩さず、相手の技が尽きたと同時に自分の技が決まることが理想的です。手や上体でなく足も使って体全体で抜くようにします。

**●小手打ち落とし面**

打ち落とし技は、打ち込んでくる相手の竹刀を上から打ち落とすと同時に打突する技です。相手に充分に打ちを出させることが

**小手抜き面**

相手の小手を引きつけて面を打つ

## 小手打ち落とし面

手の内の作用で打ち落として面を打つ

打ち落とす動作と打つ動作を一拍子になるようにする

## 小手応じ返し面

左拳を上げて小手をすり流して面を打つ

左拳を大きく上げないと相手の小手をすり流せない

大事です。小手を打ち落とすときは、左にさばいて相手の小手を引き出し、物打ちの刃部を使って行ないます。手の内の作用で瞬時に打ち落とし、すかさず面を打ちます。小手・面の連続技の要領で打ち落とす動作と面を打つ動作が一拍子になるようにします。

**●小手応じ返し面**

面応じ返し面でも紹介しましたが、昨今は左拳を上げて面・小手・胴を防ぐ「三所防ぎ」は少なくなってきました。しかし、手元を上げる動作も瞬時に応じ返すことができれば応じ技になります。

小手応じ返し面は、左拳を大きく上げて相手の小手を表鎬で受け流して面を打ちます。面応じ返し面同様、実戦ではあまり見られませんが、受けた太刀は打つ太刀です。防いだ太刀をすぐに打つ太刀へと変化できるよう日頃から稽古をしておくことが大切です。

心得

# 勘所をつかみ、打ち切った一本を積み重ねること

稽古は数をかけることが大切であることは間違いありませんが、ただがむしゃらにやればよいというものではありません。上達するには勘所をつかんだ稽古をする必要があります。とくに一般愛好家の方は余暇を利用し、限られた稽古時間のなかで稽古に取り組んでいますので、どうしたら自分が上達するかをよく考えて稽古をする必要があります。理を並行して勉強することです。

よく高校生や中学生の練習では「面にみせて小手」「小手にみせて面」などのパターン練習が行なわれていると思います。初心者から中級者へと成長するひとつの段階として、このような練習方法もありますが、上級者へと進むにつれてこのような技が通用しなくなるのは周知の通りです。

技は漠然と出すのではなく、有効打突の条件を意識して稽古をすること

高段位の者に求められるのは、「みせて」ではなく「攻めて」です。「みせる」はフェイントですので、相手がある程度の力量をもっていれば見破られます。

応じ技の稽古も、形を覚えるために行なう約束稽古は必要ですが、ここに攻めや誘うといった、心のやり取りが求められると思います。応じ技は本来、考えて打つのではなく、反射的に打っているものです。試合や審査などで「気がついたら打っていた」ということを経験していると思いますが、技とは本来そういうものです。

剣道の技は打ち切ること、捨て切ることが求められますが、応じ技も当然、そのことが求められます。半気ではなく、本気で打ち切った一本でなければ、第三者は評価してくれません。

有効打突の条件は「充実した気勢、適正な姿勢をもって、竹刀の打突部で打突部位を刃筋正しく打突し、残心あるものとする」とあります。この有効打突の条件を意識して稽古をすることが大切です。

ひとつの技を身につけるには相当な時間がかかります。しかし、技というものは本来そういうものです。あきらめずに理想の一本を求めて稽古していけば、必ず上達するはずです。わたしもそういう気持ちで日々稽古に取り組んでいます。

# 特訓2

# 会心面を打つ技術を磨く

# 三種類の振り方を覚えて実戦的面技を身につける

伊藤陽文

剣道を行なう人間にとって、面打ちは非常に魅力を感じる技だ。「面が打てれば他の技も打てる」といわれる通り、もっともポピュラーであり、基本の技であるともいえる。

そのため、稽古では面技に重きをおいて取り組むことが一般的だ。高段位をめざす人たちについていえば、有効打突の条件である『充実した気勢、適正な姿勢をもって竹刀の打突部で打突部位を刃筋正しく打突し、残心あるものとする』のポイントと、さらに要素である『間合、打突の機会、体さばき、手の内の作用、強さと冴え』を意識し、質の高い稽古をするように心がけてもらいたい。

「しかし、試合や審査になると稽古のようにはいきません。打ちたい、打たれたくないという思いは予想以上に我々剣道人を苦しめるものです。『あと半歩入っていたら（面が）届いていた』とか『身体が前に出なかった』などは、よく聞く悩みです。攻め合いのなかで、精神的な要因によって構えが崩れたり、手元が浮いたりします。ですから、普段の稽古から反省・工夫・努力することが大事です。自分には攻め合いのなかでどのような癖があるのかを研究しましょう」

伊藤範士が指導する陽武館伊藤道場では子どもから大人まで、さまざまな年代の人たちが学んでいる。大人子ども問わず、伊藤範士が面打ちの指導に関してポイントにしていることの一つに、「振りかぶり方」がある。

「大きく振る、中くらいで振る、小さく振る。これらを認識して稽古しています。この打ち方を体に覚えさせることで、相手の動きに対し適確に動けるようになれば、また立合に対する自信の度合いも変わってくるでしょう」

自分の剣道を見つめなおすために師匠に聞いたり、鏡をみたり、ビデオなどで振り返るのも一つの手段だ。

「稽古で自分の弱い部分を克服し、理にかなった一本に結び付けたいものです」

## 斬る・ぶつける・乗せる。三つの面の感覚を身につける

まず、誰にでも一本と認められるような技を打てるようになるためには、気剣体一致の打突を稽古で意識することからはじまる。気剣体一致の打突を行なうためには①左足の踏み切り②右足の踏み込み③腰の移動④左足の引きつけ⑤手の内、などといったポイントをつかんでいく。

「面打ちにおいては『大きい振りかぶり、中振りかぶり、小さい振りかぶり』の3種類の面打ちを稽古しています。実戦の場面では小さくかつ強く、鋭く打つことが求められることが大半ですが、さまざまな打ち方を覚えることで肩の使い方、手の内などの要素を覚えます」

3種類の面打ちのコツを伝えるときには、それぞれイメージをつけさせるようにしている。

「大きい振りかぶりの際には『斬る』、中振りかぶりの際には『ぶつける』、小さい振りかぶりの際には『乗せる』と言っていま

大きい振りかぶりの面

中振りかぶりの面

小さい振りかぶりの面

す。それぞれの振り方のイメージがしやすいようにするためです」

　大きい振りかぶりの場合は、肩・肘・手首を使って大きく真っ直ぐ振りおろし、相手の面を真っ二つにするようなイメージをもつため物打ち（打突部で）「斬る」という表現になる。中振りかぶりの場合は主に肘・手首を使う。ある程度左拳を上までもってくるが、振り下ろす時に緩慢な動作にならないように（二拍子にならないように）、物打ちをぶつけるイメージをもって振り下ろす。小さい振りかぶりの場合は、主に手首を使う。振りは小さくてもしっかりと打突し、手の内を遣うために物打ちを「乗せる」ことをイメージすると打突が小さく鋭くなりやすい。

　大きい面も小さい面も、同じ

強度で打てるように心がける。打ちを強くするには、手の内の冴えや踏み込み足でカバーすることがポイントになるだろう。そしていずれの打ち方も竹刀の物打ちと刃筋を意識することが大事である。

「大強速軽の教えもあります。これら三種類の面を使い分けることによって、実戦でも竹刀が鋭く振れるようになります。三つの姿勢（打つ前の姿勢、打った瞬間の姿勢、打った後の姿勢）に気を配り、打つ前に剣先があがったり、前傾姿勢になるなどの癖が出ないようにしましょう。適正な姿勢を保つように心がけると、打突、攻め方、足の運び方などにも好影響をもたらしますので、ぜひ心がけていただきたい点です」

**斬るイメージ**

大きい振りかぶりの面では、そのままの勢いを保ち、相手を一刀両断する気持ちで振り下ろす

**ぶつけるイメージ**

中振りかぶりの面では、肘・手首を使う。ぶつけるイメージをもつと一拍子で打ちやすくなる

**乗せるイメージ**

小さい振りかぶりの面では、打突自体がこじんまりしないために、乗せるイメージをもつ

# 面を身につけるための肩・肘・手首を使った素振り

正面打ち

一拍子を心がける

伊藤範士は、陽武館で素振りを指導する際大きく振って、肩・肘・手首をしっかり使うように呼びかけている。

「とくに大人から剣道を始めた人は、力みを取ることに苦労しがちです。肩・肘・手首を柔らかく使うことができれば、次の技への展開がしやすくなりますし、手の内の冴えという点でも大変有効です」

陽武館で主に行なわれている素振りは上下振り、斜め振り、正面打ち（三挙動、二挙動、一挙動）、前進後退正面、前進後退左右面、早素振り。上下振り、斜め振りでは、関節を柔らかく使うために竹刀を背中までつけるように指導している。

「大きく振ると左手小指がゆるみがちですが、ここでちゃんと我慢して、振り上げたときに左手首を折って小指が緩まないようにします。本来、大事にしたいのは一本一本を大きく正しく振ることです。肩・肘・手首それぞれの関節を柔らかく使い、特に斜め振りでは刃筋を意識して振ります」

握りに関して言うと、指の力の入れ具合は左手は小指から4、

3、2、1、0の割合で入れ、右手は軽く添えるように指導し、バランスよく振れるように振りかぶりから打突までを一拍子で行なえるように心がける。

**斜め振り**

竹刀を背中にくっつけるまで振りかぶるが、小指が緩まないようにする

# 面を身につけるための体全体で打つ切り返し

切り返しは剣道におけるすべての基本動作を学習できる稽古法だ。面を着けてから始めに行なわれるのが一般的だが、準備運動にならないように、「切り返しで基本動作を学ぶ」ことをしっかり意識して行なう。

**切り返し**

刃筋を意識して面を打つ。切り返しを竹刀で受けてもらう場合も、ちゃんと面をとらえる気持ちで打つ

「たくさんの大事な要素を含んだ稽古法ですから、おろそかにしたくはありません。『手で打つな足で打て、足で打つな腰で打て、腰で打つな体全体で打て』と指導しています。普通は『体全体』のところは『心で打て』と言いますが、切り返しのコツをつかんでもらおうと、私なりに言葉をつくりました」

打つ前、打った時、打った後の三つの姿勢が常に適正なまま保たれるように心がける。

「体全体で打てるように、最初の面から一刀両断の気持ちで大きく打って体当たりします。小さくならずに、大きく刃筋正しく打ちます。気持ちを途切れさせないこと、最後の面を最初と同じように、体勢を崩さずに打つことです」

打ったときの姿勢は、前のめりにならないよう腰を入れること。しっかりと踏みこみをしたあとは素早く左足を引きつける。また、打突後の足さばきが雑にならないように注意する。

# 面を決めるための実戦を想定した技稽古

技稽古では、実戦を想定し、掛かり手はもちろん元立ちも気を抜かず、本気で打つほどの気持ちで取り組む。

「元立ちも『打つぞ！』という気持ちで打っていきますし、仕かけ技の練習の場合もしっかりと攻め合いをし、ただ打突部位を空けて打たせないようにします。掛かり手としては、仕かけ技の場合も応じ技の場合も気持ちは先であることが求められます。高段位の『先』は、日本剣道形でしばしば使われる言葉、『先の気位』のことをさします」

三殺法にいわれる気を殺し、剣を殺し、技を殺す作業をする。もちろん、相手を攻めるだけではなく、隙を的確にとらえることも大事だ。実戦を想定し、三つの隙（構えの隙、動作の隙、心の隙）を感じたときには身を捨てて打突する。

**出ばな面**

相手の打とうの「う」をとらえるため、気持ちが後になってはいけない

## 払い面

余計な力みを取り、払うと同時に一拍子で打ち込む

陽武館では、相手の剣先を押えて面、払い面、出ばな面などの仕かけ技。小手すり上げ面、面すり上げ面、面抜き面など応じ技を幅広く練習する。「相手を動かせ」という指導のもと、相手を攻めて、苦しくなって出る、思わずのけぞる、といった動作をさせ、隙をつくって打つ。正確に打つには細やかな竹刀操作を必要とするが、ここで三種の面打ちなどの基本稽古が生きてくる。

「攻めて、崩して、あるいは引き出して打突の好機（出端、引き端、居ついたところ）を正確にとらえる。難しい作業ですが、稽古を積み重ねればそれは自分の財産となります」

# 会心面を打つ・稽古の心がまえ

「『打って勝つな、勝って打て』という教えのとおり、剣道では打ち攻めよりも攻め打ちが求められます。ある程度の段階を経た高段位をめざす人たちは、気で勝って理で打つ剣道に移行する方向をめざしていきましょう」

会心の面は、理にかなった剣道をめざすことからはじまる。剣道は一生をかけて上達をめざす武道。今すぐ勝とうと思う必要はない。ごまかして勝とうとしてはいけない、と伊藤範士は語る。打ちたい、打たれたくないという気持ちが強くなれば、打突前、打突時に体が崩れてしまう。

「出ばなを打たれるのではないか、胴を抜かれるのではないかというリスクを考えて稽古をすると、姿勢が崩れてしまいます。それでは会心の面を打てる状態とはいえません。基本通りの面がいつでも打てる状態を保つために、普段から本番を想定して稽古をします。それでも、本番では緊張感や相手の攻めによって気持ちを左右されやすいものです。普段から気持ちをつくることがいかに大事か、思い知らされます」

打たれるリスクを目の前にしてもたじろがず、相手に身をさらす覚悟が必要だ。

「四戒（恐驚疑惑）を去って、『打ってみろ、突いてみろ』の心構えで対峙し、ここぞというときに思いきって身を捨てて勝負する。相手の気持ちを動かすためには、ある程度リスクを背負わなければなりません。しかし、覚悟を決めて攻めるからこそ、会心の一本が決まります。今は失敗を恐れず、攻め合いから崩す、引き出す、捨てて打つことに集中して稽古しましょう。その打突が成功しても、失敗しても、その結果は剣道人生の過程の一つです。私自身も理想の面をめざして精進します」

# 誰もがうなる正しい面技を打つための3つのプロセス

菅野　豪

面打ちの指導、ということですが、最初に言っておかなければならないことがあります。正しい面打ち、昇段審査で審査員の心を打つような面打ちは、容易に手に入れることはできません。こう言われるとがっくりするかもしれませんが、剣道とはそういうものなのです。一に稽古、二に稽古。毎日の稽古を積み重ねることによって、やっと階段を一段上がれる。ですから、昇段審査に合格したいと思っているみなさんは、まず自分の稽古環境を正すことからはじめてみてください。そうすることで、突然視界がパッと開けてくるかもしれません。

前置きが長くなりました。まず、面に限らずすべての技において重要な「有効打突の条件」を整理してみましょう。

〝充実した気勢、適正な姿勢をもって、竹刀の打突部で打突部位を刃筋正しく打突し、残心のあるもの〟

高段位を目指している方なら何度も聞いたことのある文言だと思います。ですが、この条件を何人の人が頭に刻みながら稽古しているでしょうか。ほとんどいないのが実情だと思います。

試合ならいざ知らず、審査はあなたが正しい剣道を修得しているかを確認する場です。有効打突の条件に適わない打突はまったく評価されません。いま一度、有効打突の条件を頭に入れて稽古をしていきましょう。稽古でやってないことが審査の場で出るわけがないのですから。常日頃から有効打突の条件にかなった打突を心がけていれば、かならず審査でもマルのつく打突が打てるはずです。

では本題の昇段審査に受かる正しい面技を身につける方法ですが、私はそこに3つのプロセスがあると思います。順に説明していきましょう。

まず「素振り」。なんだそんなことか、と思った方はもう審査に落ちたも同然です。この素振りこそ、正しい面技を身につけるための最重要項目といっても過言ではありません。

素振りには数えきれないほどの利点があります。まず大きいのは一人で稽古ができること。週に1回の稽古で通るほど、六段審査や七段審査は甘くありません。審査員は受審者がどれほどの稽古を積んでいるか、一目見て分かるような先生方ばかりです。当然仕事や育児など環境は人さまざまですから、週に1回しか稽古に顔を出せない人もいるでしょう。ですが、素振りなら空いた時間に行なえるはずです。

素振りはあなたが剣道をする上で幹となる本体をつくってくれます。足、腰、肚、手の内などなど、大事な要素の多くは素振りで手に入れることができるのです。稽古といえば互格稽古だけ、という人も多いのではありませんか。それは道場の中だけが稽古と思っているからです。剣道はいつでもどこでも修行と思って、心掛けて素振りを行なうようにしてみてください。

二つ目は「間合」です。どこで打突するか。審査員の目の付けどころのひとつですね。打ち間に入っていないのに打突してしまっていたり、すでに打ち間に入っているのに打突しなかったり。これでは間合がわかってないと判断されても仕方のないことでしょう。審査員が用紙にバツを書く姿が目に浮かびます。

面技を出すためには、そこにたどり着くまでの手順があります。蹲踞から立ち上がって、少しずつ間合を詰めていく。二足一刀の間合から、触刃、交刃と間合が詰まって、このギリギリのところで攻め合い、練り合いをするんです。そして相手が崩れたところか、もしくは相手を崩して打つ。この過程を経ていないと、なかなか審査員はマルをつけてくれません。むしろ、練り合いの中から相手を崩して打つことができたら、もう合格は目の前にあると思っていいでしょう。

三つ目は「相手を引き出す」ことです。独りよがりに打っていっても打突の精度はあがりません。避けられるだけならまだいいですが、返されたり応じられたりすれば審査員の心象はすこぶる悪くなるはずです。

では、審査員はどのような面技を見たときに思わずうなってしまうのでしょうか。それはしっかりと相手を引き出して打突しているときです。攻め合いの中から気当たりを見せて相手を動かす。あわてて出てくれば出ばなを打つチャンスですし、居着けばそこも打突のチャンスとなります。そして、引き出されているときは、相手も返し技や応じ技を出すことができない。必然的にこちらの技の精度が飛躍的にあがります。

以上が私の考える、正しい面技を打つための3つのプロセスです。「素振り」「間合」「相手を引き出す」。では、これら一つひとつの項目について、もう少し詳しく説明していきましょう。

## プロセス①　素振り

# 素振りで揺るがない本体をつくる

面技で良くない例をあげてみましょう。姿勢が悪い、力まかせに打っている、有効打突の条件にかなっていない、刃筋が立っていない……。まだまだありますが、これらはすべて「素振り」をすることで矯正できるものばかりです。

素振りというと稽古前の準備運動ぐらいに思っている人も多いかもしれませんが、そんなことはありません。素振りは剣道における大事な一人稽古であり、素振りを行なうことで手の内、姿勢、足さばきなど剣道で必須とされる要件を学ぶことができます。素振りでなにものにも揺るがない本体をつくることができるのです。

ただし、ただ数をかけるだけではそういった要素は身につきません。正しい素振りをしてこそ、正しい面技を打つための多くの要素を手に入れることができます。

では正しい素振りとはなんぞや、ということですが、大事なのは先ほども言った〝有効打突の条件〟です。素振り一本一本を有効打突にする気持ちで振る。正しい姿勢で行なえているだろうか、相手の打突部位をしっかりと物打ちでとらえることができているかどうか、刃筋は曲がってないだろうか、そういったことを一つひとつ点検の意味も込めて振ってください。

試合は稽古のように、稽古は試合のようにと言いますが、日頃から有効打突を意識して素振りをしていれば、審査本番でも稽古と同じような正しい面技を出すことができるはずです。

気を充実させ、姿勢を崩さず、一本一本を有効打突にするつもりで振り上げから振り下ろしまで一気に行なう。

## しっかりと物打ちでとらえているか

素振りは空間打突ですが、目の前に相手を想定して、しっかりと物打ちで打突部位をとらえる感覚をやしなうようにしましょう。

物打ちが打突部位まで届いていない

物打ちでとらえてはいるが、適正な姿勢になっていない

相手を想定できていないと、打突部位にあたる前に振り下ろしをやめてしまいがちになる

## 正しい姿勢で行なえているか

正しい素振りを行なうためには正しい姿勢が必須であり、正しい姿勢は正しい構えからはじまります。吸った息を臍下丹田に下ろす気持ちでゆっくりと吐いていくと腰が締まり、上半身の力みがとれて良い構えができるようになります。

## あごまで切り下ろすつもりで振る

素振りは相手を想定するかしないかでその効果がグンとかわってきます。振り下ろすときは相手のあごまで切る気持ちを持ちましょう。そうすることで、冴えのある振り、手の内を学ぶことができます。

## プロセス② 間合

# しかるべき間合で練り合いをする

素振りで打突する前の準備が整ったら、今度は相手と相対して「間合」を意識してみましょう。

私は長年にわたって六段審査や七段審査の審査員を務めていますが、落ちる人の剣道を見ていて思うのは、なぜその間合で打突をするのだろうか、ということです。蹲踞から立ち上がって、無理やり相手を崩そうとして独りよがりに打って出る。これでは審査をする側も、受審者のどこを見てあげたらいいのか困ってしまいます。

正しい間合で練り合いをしなければ審査では評価されない。剣先は中心から絶対に外さない。

剣道のキモは間合の攻防、練り合いにあります。この練り合いから打突にいくまでのプロセスを、審査員は判定しているのです。

練り合い、というと、なにやらむずかしいイメージがありますが、そんなことはありません。ようは中心の取り合いだと思ってください。一足一刀の間合からもう一歩攻めて、自分もいつでも打って出られる、相手も出られる、その間合で中心の取り合いをする。一瞬の隙が命取りになりますから、絶対に剣先は中心から外してはいけません。

相手の中心を制して打った面技は、かならず審査員の心に響くはずです。

## プロセス③　引き出す

# 気当たりを見せて相手の心を動かす

最後は相手を「引き出して」打っているかです。これができていない人が非常に多い。相手を引き出すことができれば、面が一本になる確率は引き出していないときの比ではありません。

では、相手を引き出すためにはどうしたらよいのか。それにはまず、頭にこびりついた固定観念を払拭することが先決です。昇段審査というと、有効打突が二本、ないしは三本はないと通らないというような話を良く聞きます。たしかに、有効打突は審査員がマルをつける一番大きな要因です。しかし、だからといってむやみやたらに打っていけば、それは機会が見えていないということにほかならず、評価を下げてしまいます。

相手を打ちたいという気持ちはおたがい一緒です。ならば、一度その打ちたいという気持ちを抑えてみましょう。そうすることで、いままで見えなかった相手の隙が顔をのぞかせます。

先ほど説明した練り合いの中から、隙を見て気当たりを見せます。そうすると打ち気にはやっている相手は、気持ちの整わないまま打ってきたり、その場で居着いたりします。そこが、打突の

相手を引き出すことができれば、返し技や応じ技を打たれるリスクが減り、こちらの打突が有効打突になる確率が飛躍的に上がる。

最大のチャンスとなるのです。相手と同じように打とう打とうとばかり考えていたら、こういった相手のわずかな隙を感じ取ることができません。審査の場だからこそ気持ちに余裕をもって、むやみに打っていかず、相手を制するような気持ちで臨みましょう。

相手を引き出す稽古として非常に有効なのが、互格稽古です。互格といっても、同等のレベルの人との稽古だけが互格稽古ではありません。下手の人との稽古でも、一切気を抜かず、練り合いを心掛けるようにするべきです。

どんな相手と稽古をしていても、本当に良い機会というのは一、二回しかありません。そこを逃さずに打てるかどうかが、審査の合否をわけるのです。そのためには、とにかく無駄打ちは厳禁。練り合いの中から相手を引き出し、誰もが一本と認めるような面技を出せるようになりましょう。

# 重要なのは機会の感得
# 七つのステップで実戦面を手に入れる

白石輝志通

「面はまいった。小手はしまった」

打たれたとき、そんな印象を持ちませんか。見事な面を打たれたときは心底まいったと思うものです。でも、小手の場合は不思議とそのような気持ちにはよほど見事に打たれない限りはなりません。だから面が大事であり、だれもが会心の面を打ちたいと思って稽古をしているのだと思います。

ただし、やみくもに稽古をしても上達は望めません。理想のイメージをつくり、そこに向かって稽古をしていくことが大事です。蔵の街剣志会では稽古をはじめるとき、構えの確認、竹刀の振り上げの確認、打突の確認、すり足の確認をしたのち、面であれば近い間合で最初に打たせ、徐々に間合を遠くして打たせています。ひとつの技を身につけるには、技の要素をパーツごとに分解し、精度を高めていくことが必要だと考えています。

そして打ち方を覚えたら次は機会を感得する稽古を積むことです。剣道は頭で考えてから行動したのでは動作が遅れてしまいます。蔵の街剣志会では「だるまさんがころんだ」の号令で後ろを向いていた元立ちが前に振り返った瞬間、面を打たせる稽古で打突の機会を感じ取らせるようにしています。この方法が最上とは思っていませんが、ゲーム感覚で機会を打つことを意識させています。

昇段審査では、偶然の打ちは評価されません。評価されるのは必然の打ちです。攻め崩す、引き出すといった方法が大事であり、どういう機会で相手は崩れるのか、どういう機会で誘いをかければ相手は乗ってくるのかなど、そうした研究を自分なりにしていくことが大切です。稽古をするのなら、中身の濃い稽古したいものですが、会心の面を打つには、機会に応じて打つことが大切であり、そこを求めて日々、稽古を続けていきましょう。

## ステップ1

# 迫ってくる剣先は脅威。剣先が点になるように構える

剣先が点になるように構え、相手に脅威を与える

蔵の街剣志会の子どもたちに構えの指導をするとき、「剣先からレーザービームが出るようにしよう」と言っています。剣先に威力をつけるための工夫ですが、威力ある構えで相手に近づいていけば、「打たれたくない」「何をしてくるのか」という気持ちになり、何らかの動きを見せます。しかし、近づいていったとき、剣先に威力がなければ相手は怖いと感じてくれません。むしろ入ろうとしたところを狙われることにもなります。

わたしは相手から見て、剣先が点になるように構えることが、剣先に威力をつけることの第一歩だと思っています。弦が見えて

いたり、刃部が見えていたりするとこちらの意図が相手に伝わりやすくなります。

## ステップ２
# 意識するのは肩甲骨。竹刀の振り上げを覚える

剣道は相手を打つことばかりに気持ちがいってしまうものですが、打つ動作には必ず竹刀を振り上げる動作があります。大きく打つときはもちろんのこと、小さく打つときも竹刀を振り上げないと力強い一本は打てません。

相手に向かう気持ちで前傾しながら、竹刀を振り上げます。ただ手元を上げても打つ動作にはなりません。振り上げる動作がスムーズにできれば、振り下ろしも自然に滑らかになります。面打ちがぎこちない人の原因は、打つことよりも振り上げることにあると考えられます。

まずは、いつでも打てる体勢で構え、肩（肩甲骨）を使って円滑な振り上げ動作を身につけましょう。このとき、手首や肘を使うと動作がスムーズにいきません。振り上げ動作は、あくまでも肩を中心とした円運動です。

身体をやや前傾させながら竹刀を振り上げる

# ステップ3 剣先は面の中央部に。面打ちのかたちを覚える

打ったときの右手、左手の位置を身体に覚えさせせる

打突動作を覚えるには、そのかたちをしっかりと身体にしみこませることが大切になります。蔵の街剣志会では稽古の最初に打突動作を確認することからはじめています。打突部で打突部位を打ち、その状態で静止するのですが、面の場合は剣先を面の中央部におき、右手の親指は相手の右目、左手の親指は相手のへそに向けます。打突は一瞬ですが、打ったとき、自分の左手と右手はどこにあるべきかを知っておくことは大切なことです。基準がわかれば、そこに近づけていくことができます。

稽古では、打突部位に竹刀を置き、そのまますり足で移動をするようにしています。

## ステップ4
# 階段を上る感覚。左足の踏み切りを覚える

打突は、左足で踏み切って打ちますが、まずはすり足で面を打ち、重心移動を勉強します。左足に体重を乗せた重心移動ができないと、円滑な打突動作ができません。すり足で行なうとごまかしがききませんので、ゆっくり、丁寧に姿勢を崩さないようにします。

すり足で身体の使い方を勉強したのち、左足で踏み切って打ちます。跳ぶのではなく、左足にしっかりと体重を乗せて踏み切ります。階段を昇るときの要領で、左足を踏ん張りながら右足をゆっくり持ち上げる感覚で溜めをつくります。これができたら次は前に出ながら同じ動作で踏ん張る感覚をつかみ取って打ちます。

実戦では相手に隙ができた瞬間を打たなければなりません。打ちたい気持ちが強すぎると左足に溜めはできませんので、まずはこの稽古で左足が溜まった状態を感得してください。

左足に体重を乗せた重心移動ができないと、円滑な打突動作ができない。
左足に体重が乗っている感覚を覚える

# ステップ5 隙に反応する。隙ができた瞬間、振りかぶる

剣道は相手とのやりとりで隙を打ち合うものです。打ち込み台に向かって姿勢正しく打つことができるだけでは、本番で一本を決めることは難しいでしょう。打突の機会を瞬時にとらえる力がないと本番で一本を決めることはできませんので、機会をとらえる練習をします。

二人組になり、一方が隙をつくり、そのできた隙に、もう一方が竹刀を振りかぶって反応します。

この段階では打ちません。

相手が隙をつくった瞬間、すかさず打つには、打つことよりも振りかぶることを意識することです。打つことを意識すると右手に力が入りやすく、動作が二拍子になります。右肘を曲げて打つような動作になり、打突に冴えも生まれません。

ほどよく力が抜けた打突を成功させるには打つことよりも振りかぶることを意識することです。振りかぶることができれば打つことは自然にできます。相手のつくった隙に素早く竹刀を振りかぶりましょう。

元立ちが隙をつくった瞬間に竹刀を振り上げる。右手に力を入れないこと

## ステップ6

# 隙をとらえる。隙ができた瞬間を打つ

振りかぶることができたら、今度は相手がつくった隙に対して実際に打ちます。手元を下げれば面、上げれば小手ですが、最初は打突部位を限定して打つことをすすめます。

相手がつくった隙に対して瞬時に打ち込みますが、打とうという気持ちが強いと先にも説明したように右手に力が入りすぎて一拍子で打つことができません。

面を打つというとどうしても打ち方に意識がいってしまいますが、問題はいつ打つかです。打てる体勢で打てる距離に入り、隙があれば打つ、隙がなければ打たない、なければ崩して打たなければなりません。そこをくり返し勉強していくことが大切だと思います。

実戦では、隙と感じたときには打ち終わっていなければなりません。上半身の力を抜き、リラックスした状態で相手と向き合います。

元立ちが隙をつくった瞬間、竹刀を振り上げて打つ

## ステップ7

# 打ち間に入る。本番を想定して小さく鋭く打つ

実戦で面を決めるには、まず相手を攻めることです。相手を攻め、隙と感じた瞬間、小さく鋭く打ち切ります。小さく鋭く打たなければなりませんが、刺し面は評価されません。小さく、速く、しっかり打つことが大切ですので、肩と肘を使い、竹刀を振ります。肘を上げ、手首のスナップで打ちます。この打ち方を身につけてください。

実戦では打ち間にしっかりと入って打つことが求められますが、打ち間に入る方法で、一番使われるのは送り足（すり足）です。剣道は相手の変化に対応することが大切ですが、対応するには前後左右の移動時、重心のぶれがあってはなりません。

攻め方の基本はしっかり中心を取ることです。なぜ中心をとるか。こちらが中心を取るということは、相手の剣先がこちらの中心から外れることで、相手は最短距離でまっすぐ打つことができなくなります。相手にとっては不利な状況です。相手はなんとか

打ち間に入り、小さく鋭くしっかりと打つ

中心を取り戻そうとします。そんなやりとりをするうちに相手はこちらの圧力を感じ、心が動揺し、打ち急いだり、防御に入ったりします。この隙をとらえて打つのです。くり返しになりますが、隙ができるのは一瞬ですので、小さく、鋭く、しっかりと打たなければならないのです。

打ち間に入るということは相手に近づくということです。その近づき方にはいろいろありますが、自分を万全な状態にしておく必要があります。よって日頃の稽古では、いろいろな打ち方を意図的に試してほしいと思います。ただ「ヤー、面」と打つのではなく、「ヤー……、メン」、あるいは「ヤッ、メン」という打ち方をするなど、間と拍子を工夫していきましょう。

特訓3

# 姿勢を崩さずに打つ

# 独自の観点で開発
# 両足で打つ感覚で姿勢を整える

## 山内正幸

山内教士は今宿少年剣道部が創設されて以来指導にあたり、監督として各種少年大会で優勝に導いている。また、OBは世界大会、全日本選手権（男女）など各種大会で活躍中。その指導は各方面から高い評価を受けている。

山内教士が冴えのある一本をめざすためにこだわっていることの一つに、「姿勢を正して打つ」がある。剣道では、一般的に面を打突する時は「攻め入る→竹刀で打突すると同時に右足で踏み込む→左足を引きつける→すり足で抜けていく」という順序で行なわれる。適正な姿勢を保つためには「右足で踏み込むと同時に打突する→左足を引きつける」の部分について、右足+打突の動きと、左足の動きの間にある時間をなるべく狭めるようにしなくてはならない。

山内教士の場合は、そこで独自に考えたことがある。右→左と順番に動かすのではなく、踏み込み足と引きつけ足をほぼ同時に動かせば姿勢がほぼ崩れないまま打つことが可能ではないか、ということだ。

「姿勢を崩したくないのなら、理想を言えば『打ち込みと左足の引き付けを同時に行なう』ということになります。踏み込み足が床に着いたときにはすでに左足の引きつけが行なわれている、といった具合です」

# 床を踏み割るつもりで、両足で打つ

「打突時には『腰を出す』といった意識よりも『左足がいかに打突についていくか』ということに主眼を置いています。左足が着いてくれれば、腰が自然とついてくるからです」

踏み込み足と引きつけ足を同時に行なうときには、当然、両足がほぼ同時に動く。この時について、山内教士は「床を踏み割るつもりで、両足で打つ」と表現した。

「右足がついたときに左足を動かすのではなく、同時に動かします。両足の力を前（相手）に伝えます」

ほぼ同時に打つのだが、ただジャンプをして打っているという

このことに気がついたのは、国士舘大を卒業後、ある道場で故・村山慶佑範士（武専卒・九州管区警察学校剣道教授）に師事したことがきっかけだった。

「村山先生が一刀流の切り落としを見せて下さいました。とても滑らかに左右の足を遣ってパパン、と打たれたのです。自分が同じように行なおうとしても、とても上手くはいきませんでした。足の動作が遅れてしまうのです。そこで、左右の足の遣い方について気が付きました。村山先生のようには参りませんが、そこで自分なりに考え、左右の足遣いに留意し適正な姿勢を保つようにしました」


印象ではない。あくまで、まず右足（攻め足）で攻め入り、打突時に右足を出そうとしたときに一緒に左足も動く。右足の動きに、左足がそのまま付いていくようなイメージだ。

「遠くへ跳ぶ必要はありません。前に跳ぼうと意識しすぎると無理な体勢で打ってしまいます。踏み込んだ時ではなく、左足を引きつけた時に面を打つ意識をもつと、重心が安定したまま移動できると感じています」

両足で踏み割るように踏み込み、適正な姿勢のまま打つ。これによって、体の勢いを相手に伝えて打つことが可能だ。

## 踏み込みと引きつけを同時に行なう

右足と竹刀操作によって攻めつけ、打突時に、右足を動かすと同時に左足も引きつける。両足で床を踏み割るつもりで打つ

## 足遣いについて

右足が踏み込みの動作に入ったあと、すぐさま左足が動く。両足が床を踏み割るように着地しているが、左足は踏み込まない。あくまで引きつけているイメージ

# 基本稽古で右・左の動きを認識する

右足、左足を同時に動かす打突について話した山内教士だが、子どもたちに指導する際にはまず右足、左足の動きを認識させるようにしている。

「これは大人にも言えることかと思います。右足、左足の働きをしっかりと認識することは大事です。とくに初心者の子どもには大切なことです」

まず、素振りではボールを放り投げる時のように大きく振りかぶる。腰を入れながら右足を大きく出す。振り下ろすと同時に左

## 素振り

ボールを投げるように大きく振る。振り上げるときには、手首や肘などに余計な力を入れないこと。腰を入れて右足を大きく前に出し、左のひかがみは若干曲がる（ここで下半身の力の入れ具合を覚えることができる）。引きつけ足と同時に竹刀を振り下ろす。肩・肘・手首を柔軟に使うが、最後の手の内は、左手首を主につかうようにし、右手首は力まないようにする

足を引きつける。大きな動作により、上半身、下半身それぞれの体の使い方がわかってくる。切り返しにおいても同様のことが言える。

「左足が前に出ないようにし、刃筋正しく切り返します。子どもたちに指導する際は、切り返しの最初と最後の面打ちで先ほどご紹介した足遣いはさせません。基本的な動作を覚えて、技のキレ、腰のキレについて考える機会にしています」

姿勢の偏りについては、意識のしすぎによってかえって支障をきたしてしまうことがあるので注意する。

「とくに構えです。中心線を意識しすぎると、左拳が右に寄ってしまいます。左脇を締め、親指と人差し指の付け根が臍前にくるようにします」

## 構え

親指と人差し指の付け根がへその前にくるように構える。左を意識しすぎると、拳が右へ偏ってしまうので注意。自然体を心がける。竹刀を握るときには、竹刀を掌の生命線に沿って持つようにすると、死に手になりにくい。真っ直ぐ振りかぶっていれば、左拳の親指が天井を向く。左の手の内を意識して打つ

# 実践・姿勢を崩さずに乗って打つ

実戦の場面では、先に紹介した足遣いで技を打つときはそれほど遠くまで跳ぶ必要がない。

◆「遠くへ跳ぼうとすると、かえって姿勢が崩れます。無理に前に出るよりも、無理せず姿勢を崩さないまま行ないます」

右足を柔らかく遣い、仕かける、誘うなどの動作を行なう。

小手・面の二段打ちの時には姿勢が崩れやすいので注意が必要だ。小手打ちも一本にするつもりで打つと姿勢が崩れにくく

面返し胴

相手をギリギリまで引き寄せる。返して打つと同時に体を身幅分さばく。ぎりぎりまでこちらが動かないからこそ、相手がこちらの意図を察知して手元を下げたときに、引き面などに変化することが可能

小手打ち

小手部位は自分からみて近いところにあるが、打突そのものが小さくならないようにする

い。面返し胴の場合は、相手が来るギリギリまで引きよせる。最小限の動きで返すと同時に、身幅半分ほどさばく。

「右足を遣いながら『前で返す』という意識で返します。子どもたちにもそのように呼び掛けています」

状況によっては、思い切って間合を詰めて面を打つ場合もある。

「状況を打開するためにつかう時があります。大きく一歩詰めて中間になり、相手が崩れたところで面を打ちます」

間合が近くなると、冴えを出すのが難しいが、先に紹介した足遣いで打つと、冴えが出やすい。出ばな面においては、右足や竹刀操作によって相手を誘い出し、出てきたところをとらえる。

「たとえ、こちらの方が相手よりも小柄であっても、乗ることができれば出ばなをとらえることができます。乗って打つ、ということに関してはすべての打突において心がけたいところです」

こちらが崩れないまま相手を崩して打つのが理想だが、その理想に近づける努力をすることが大切だ。

「理想の剣道をめざして、私自身も今後も試行錯誤しながら教え子とともに成長できればと考えています」

## 大きく仕かけて面

膠着状態を打開したいときなどに使うことが多い。大きく間合を詰めて面を打つ。じりじりと間合を詰めて近間にならないようにする

## 出ばな面

右足や竹刀操作で誘い、相手が出てきたところを乗って打つ。こちらから、大きく踏み込む必要はない

# 後ろ姿に注意をおいて稽古しよう

姿勢について、山内教士が意識していることの一つに「後ろ姿」がある。剣道修業において、後ろ姿というものは本人に見えないため意識しにくい。しかし、体の偏りなどがあるとはっきりと出てくる。カメラやビデオで撮影して意識する人も多い。

「後ろ姿が美しい人には、風格を感じますね。昔、後ろ姿が綺麗でないといけない、と教わったことがあります」

後ろ姿が美しい人は、観客の注目を浴びやすい。ひかがみの使い方はどうか、蹲踞から立ち上がったときに右足に重心が乗って偏っていないか。どのあたりに重心があるのか。

「弓なりの攻め、という言葉があります。これは本来上段の構えのときに使う言葉ですが、あのピンと張った弓のようなイメージで攻めることができれば……、と考えています」

ピンと張った姿勢を維持するためには、体力や筋力の維持も欠かせない。山内教士は毎朝1時間走るようにしている。

「自分の綺麗な立ち姿をイメージしながら、苦しくても走るようにしています（笑）。急に体重が増えると、体も重くなりますし、構えが様になりません。理想の立ち姿に近づける努力をしたいものです」

# 崩れを最小限におさえ会心の一本を打つ4つのポイント

谷　勝彦

姿勢を崩さずに打つという事は理想ではありますが、現実的に考えるとそれは不可能だと思います。冒頭から特集のテーマを否定するようなことを申し上げていますが、そもそも打つという行為自体が姿勢を崩さなければできないからです。

そのように考えると気持ちも楽になるのではないでしょうか。愛好者の皆さんは崩さないで打とうと考えるあまり、構えから固くなってしまう傾向があります。構えが固ければ当然、打突も固くなってしまうのでうまくいきません。

竹刀を振るという行為は、中段の構

えを崩して行なうものです。どんな名人でも動作の隙が必ず生まれるのはそのためです。よって第一に、しっかりとした中段の構えを作ることは当然ですが、その構えをもって、いかに崩れを最小限にして打つかということが、この「姿勢を崩さずに打つ」というテーマのポイントになると思います。

では、いかに崩れを最小限にするかという事を考えると、剣道の技において一番崩れが小さい技は突きです。突きと同じように面、小手が出せればよいのでしょうが、竹刀を振らなければこれらの技は出せません。昔は刺し面、刺し小手というような技がありましたが、やはり審査などではあまりよい評価を得られないことは周知のとおりです。よって、大切なのは構えた状態から、崩れを最小限にしていかに竹刀を振るかということなのです。

では、いかにして崩れを最小限にして竹刀を振るかということですが、私の場合、構えたかたちを崩さず肩を使って振り上げ、振り下ろす時に肘や手首の関節を柔らかく使って打つようにしています。

振り下ろす時に振り幅を加えることで、小さく鋭い打突にするようにしています。大きく振りかぶったり、振りかぶる時間が長いということも崩れている状態の一つですから、最小限に振り上げ、コンパクトに振り下ろすことを心がけています。

## ポイント1　構え
# 耳・左肩・左腰・左足を一直線で結ぶ

剣道において、まず重要になるのが中段の構えです。攻めて良し、守って良しの中段の構えが崩れていては剣道にはなりません。ですから、私は構えてから崩れを最小限に抑えての打突、そして中段の構えに戻る一連の動作をいかにスムースに行なうかが大切と考えています。そのためにも、力みのない構えをつくることが隙のない構えにつながると考えています。

良い中段の構えを作るときに、意識しているのは、左拳、左脇を緩めないということです。特に左脇を緩めないという事については、薄い紙をクシャッとならない程度に左脇に挟み、なおかつ抜けない程度の力を入れています。挟むときは、左脇に力を入れるのではなく、大胸筋に力を入れるようにしています。脇に力を入れてしまうと余分な力が入ってしまい、スムースに竹刀を振ることができません。このとき、左腰も打つとき以外は動かさないように意識しています。

構えたときの足も重要で、上半身同様に構えたときの足の状態から崩さなければ打突できませんから、足さばきもいかに崩れを最小限にするかが重要となります。

　体が大きく上下動すると崩れやすくなりますので、なるべく床と平行移動することを意識します。その足さばきができるような足の位置として、構える時に耳の穴、左肩、左腰の中心、それから左足のつま先が一直線になるようにするとよいでしょう。横のラインをつくったのちに、自分のヘソを相手の足元に向けるような気持ちで構えると、力みのない構えになります。

### 左脇に薄紙を挟む気持ちで構える

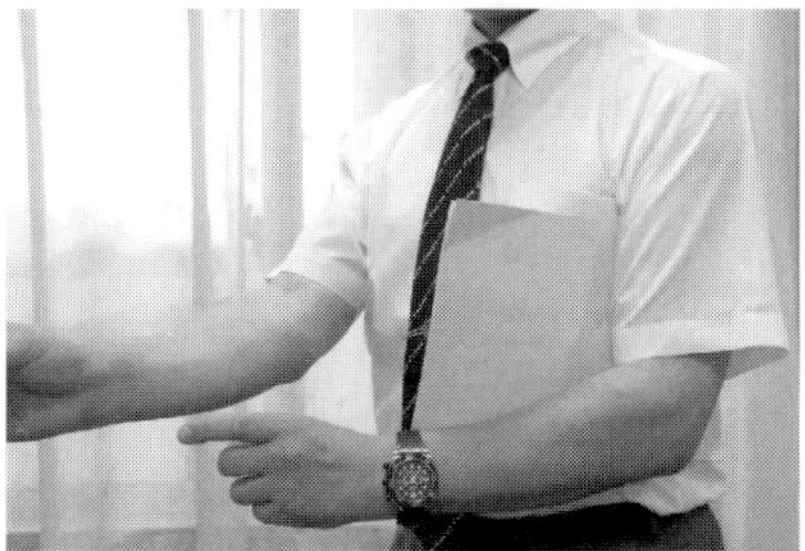

左脇に薄紙を挟む気持ちで構えると、締まった構えになる。薄紙を挟むときは、脇で挟むのではなく（写真上）、大胸筋で挟むようにする（写真下）

耳の穴・左肩・左腰・左足を一直線で結ぶ。このラインを意識すると姿勢の崩れを最小限におさえられる

# ポイント2　素振り

## 構えた両腕の形を維持して振り上げる

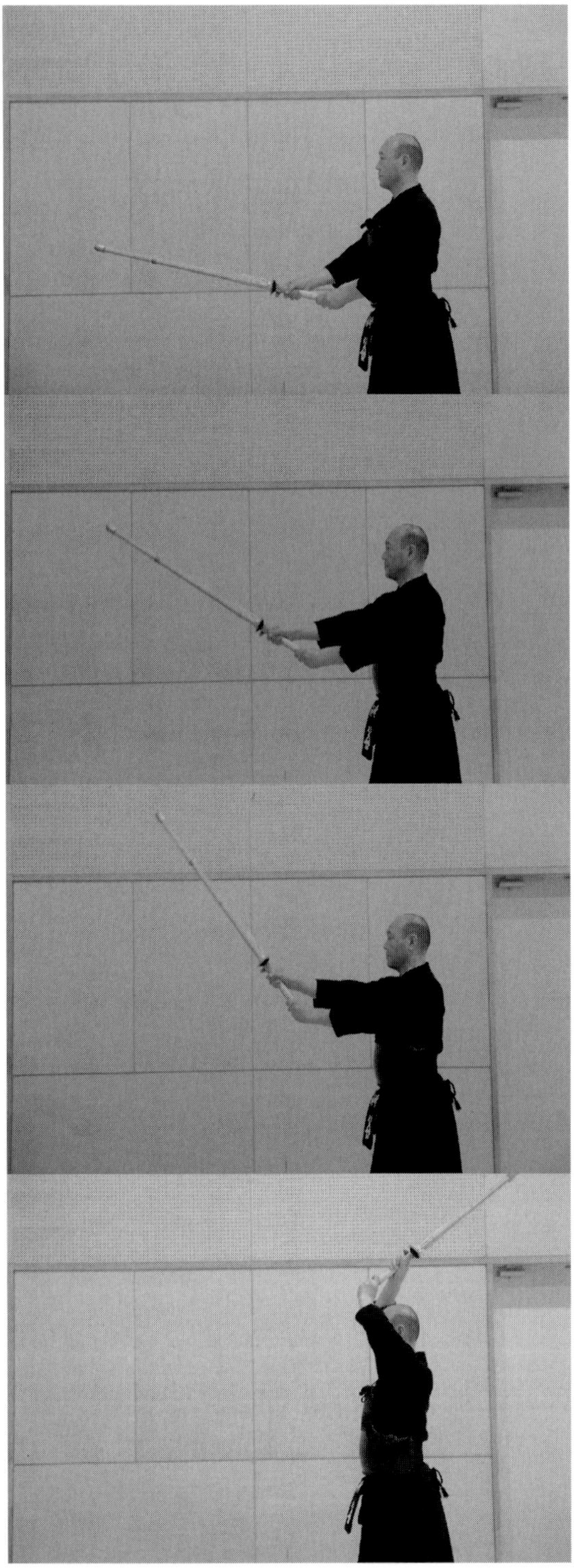

竹刀を振る動作を覚えるには素振りがもっとも効果的です。無駄なく振るためには単純ですが、合理的な振り方を素振りで反復して覚えるのが一番です。

振り上げるとき大事なのは、構えた状態の両腕の形を崩すことなく振り上げることです。振り上げた時点で左拳を前方に動かしてしまったり、肘を曲げたりしてはいけません。このような振り上げ方をすると、小手に隙ができやすくなってしまいます。

昔の先生は、竹刀の振り上げの要領を「お猪口を右手に持ち、中の水をこぼさない程度に振り上げること」と表現しています。

そして振り下ろすときは、手首を柔らかく使って振ることで、振り幅を作ります。この振り幅が打突の冴えをつくります。このような振り上げ、振り下ろしを意識して素振りをすることが大切です。日々、鏡の前などで確認しながら行なうことも効果的な方法です。

手首を柔らかく使って振り下ろし、振り幅をつくる

とくに稽古や試合など対人動作がともなうと、どうしても打ちたい、勝ちたいという気持ちが生じます。それが姿勢の崩れに直結しますので、まずは素振りで、崩れを最小限に振り上げ、大きく振り下ろすことを覚えます。

## ポイント3　攻め

# 物見の位置を変えないで平行移動する

相手を攻める時も、最初の構えが大切なのは言うまでもありません。いかに構えた状態から相手を攻め崩すかがポイントになります。構えを崩さずに攻め入るということは、相手に起こりを悟られないということにもなり、なおかつ相手が出てきた時には応じたり、返したりする事が素早くできます。

構えを崩さずに攻め入る方法としてぜひとも身につけたいのが、体の平行移動です。体が上下動したり、前傾したりすると体が崩れてしまい、相手に隙を与えてしまうことになります。

攻め合う際、物見から見える相手の姿が常に変わらないようにする。上下動すると姿勢が崩れていることになる

体を平行移動させるときに意識していることは、面の物見から相手を直視するということです。相手と向き合い構えたとき、当然のことながら面金の物見から相手を見ます。この見えたときの状態を保持したまま足さばきをするようにしています。相手の姿が面金の物見から上下に外れてしまっているときは、体が上下に動いてしまっているという証拠です。また、自分の体にあった面を選ぶこと、きちんとした着装を心掛けることも重要になります。構えたときから物見がずれてしまっていては、正しい姿勢にはなりません。

平行移動で間合を詰める

## ポイント4　打突

# できるだけ構えた状態を維持して打つ

私が考える良い打突とは、良い構えができてはじめてできるものだと考えています。剣道において一番重要になるのが中段の構えです。この構えのまま打突できるのが理想ですが、それは難しく不可能に近いと思います。やはり竹刀は振らないと打てません。

### 姿勢を崩さずに一拍子で打つ

小手すり上げ面

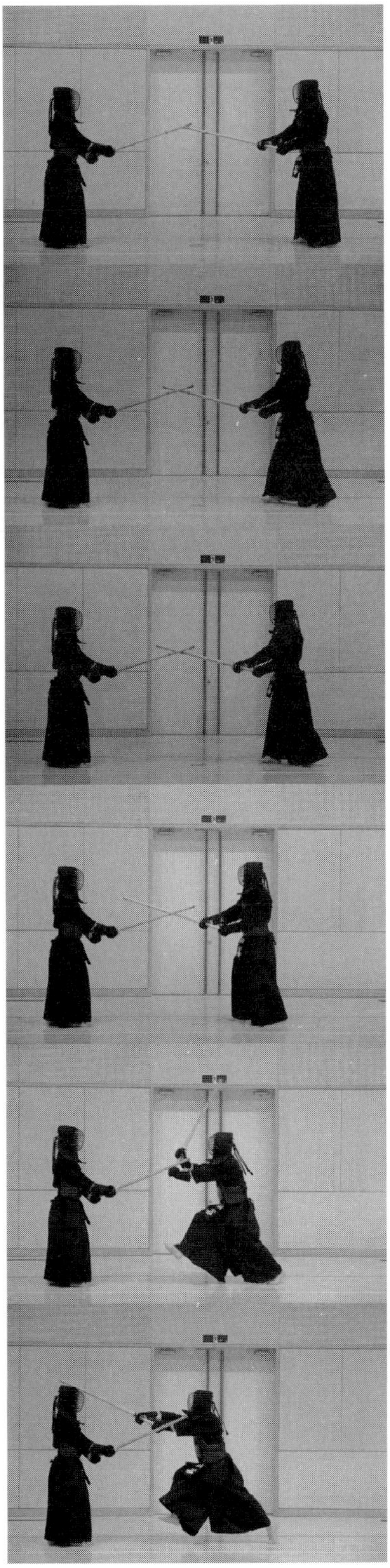

一歩攻めて面

崩れを最小限にして竹刀を振るためには、振り上げるときに、構えた両腕の形を崩さないということです。そして、振り下ろすときに手首を柔らかく使って振り幅を作ります。

私が意識しているのは前述したとおり、小さく振り上げ、大きく振り下ろすことですが、小さく振り上げるということは、中段の構えを極力崩さずに振り上げるということで、打突するギリギリまで構えた状態を維持します。そこまで崩さず我慢ができたら瞬時に振り上げ、手首を使い一気に振り下ろし、打突します。振り上げるときに右手で引っ張り上げてしまわないよう気をつけることが大切です。また、相手に打ちたい、勝ちたいと言った気持ちが、焦りを誘い両腕の形が崩れてしまう結果ともなります。

すり上げたり、応じたりする場合も同様に、中段に構えた状態から極力両腕を崩しません。特にすり上げ技は、右肘が構えたときより曲がってしまうと、打突時にまた肘を伸ばさなければなりません。これは時間と動作のロスになり、結果としてすり上げたあとに技が出ないということになってしまいます。何事にも、しっかりした構えから小さく振り上げ大きく振り下ろすことで、崩れを最小限にして冴えのある打突をしましょう。

# 3つの〝正しい〟が美しい打突姿勢を生む

八木沢　誠

姿勢を崩さずに打突するにはどうすればよいか。これはほとんどの剣道家が頭を悩ます難問の一つだと思います。私は長年、日本体育大学で剣道部の学生はもちろん、一般の学生たちにも剣道を指導していますが、初心者にしても経験者にしても、この「姿勢を崩さない」ということを教えることが一番難しいと感じてます。前傾した打突になってしまったり、手と足がバラバラで気剣体が一致していない、といった場面をよく見かけます。

なぜ姿勢が崩れてしまうのか、みなさんは考えたことがありますか。崩れない姿勢を求めるためには、崩れてしまう原因を突き止めることも重要です。原因さえ分かれば、それぞれ対処の方法も見えてくることでしょう。

たとえば前述した前傾の打突。これは打ち気にはやるあまり右手に力が入って、手先だけの打突になっていることが考えられます。それから気剣体一致ができていない打突。こちらは体勢が整わないまま打ち出してしまったり、遠間から、もしくは一拍子で打とうと思い過ぎるあまり、無理な体勢で打ってしまっているのではないでしょうか。それから体勢が崩れて連続打ちができないなどの問題は、しっかりとした重心の移動ができていないことなどが考えられます。

これらはほんの一例ですが、今言ったように、姿勢の崩れにはほとんどといっていいほど原因があります。その原因を稽古で解消していくことで、まったく崩れのないとは言いませんが、崩れの少ない美しい打突姿勢を手に入れられることは可能であると考えます。

それでは、実際にどのような稽古を心がければ姿勢の崩れを抑えられるかですが、そこには3つのポイントがあると思います。さきほどの原因に当てはめて考えていきましょう。

まず一つ目は「構え」です。構えは打突動作を規定する重要な姿勢であるといっても過言ではありません。打ち気にはやって右手に力が入る。この時点であなたからは正しい構えが失われ、崩れの兆候が表われています。足幅は正しいか、つま先はきちんと相手に向いているか、竹刀を正しく握れているかなど、いま一度正しい構えとはなんだったかをチェックしておきましょう。

つづいて二つ目は「足さばき」です。私が学生だった当時、身体動作学の石井喜八先生からこのようなことを言われました。「八木沢くん、柔道や相撲も剣道と同じく対人競技だが、柔道や相撲は相手の重心をいかに移動できるかが課題だけれども、剣道は自分自身の重心をいかに素早く移動できるかが課題だね」

まさしくその通りだと思います。よく指導の中で「手で打つな足で打て、足で打つな腰で打て」というような言葉が聞かれますが、これは重心の安定を表わしている大事な教えです。連続打ちがままならなかったり、打突後に体勢を崩して打たれてしまったりといった悪癖がある方は、まず足さばきを見直してみるとよいでしょう。

そして三つ目は「打突動作」です。とくに大人から剣道をはじめられた方や女性に多く見受けられるのが、気剣体の一致していない打突です。これはあなたの成長を妨げる大きな要因になりますので、できる限り早く対処しなければなりません。気剣体の一致した打突ができていない人の多くは、自分ではできていると思いこんでいることがよくあります。それは、自分の頭に描いているイメージと身体能力にズレがあるからです。そのズレを修正していくことが、崩れのない打突姿勢を手に入れることにつながります。

「構え」と「足さばき」と「打突動作」。この3つのポイントを〝正しく〟修得していくことで、かならず崩れの少ない姿勢に近づいていけることと思います。それでは、この3つのポイントについて、もう少し詳しく解説していきましょう。

正しい構え

## 足構えと握りをチェック。偏りなくバランスよく構える

ではまず、正しい「構え」のポイントについて説明していこうと思います。構えには大事な要素がいくつもありますが、ここでは姿勢という部分に注目して、2つの点をチェックしたいと思います。

一つ目は「足構え」です。人間はつま先を約15度くらい開いて立つと、一番安定すると言われますが、剣道では両つま先が平行であるように指導されます。剣道は対人競技ですから相手と正対することが前提です。ですから、相手のどんな動きにも素早く対応できるよう、つま先はつねに相手の方を向いていなくてはなりません。撞木足は剣道の悪癖の代名詞となっていますが、左足つま先が外を向いたまま打突にでると、どうしても身体が開いて姿勢の崩れた打突になってしまいます。最近は反対に、左足つま先が内側を向いてしまうような人も見受けられます。とくに女性は、足幅が狭く不安定な足構えの方が多いようです。基本に立ち返って、正しい足構

前後左右に偏りのない、端正な構えを心がける

## 足構え

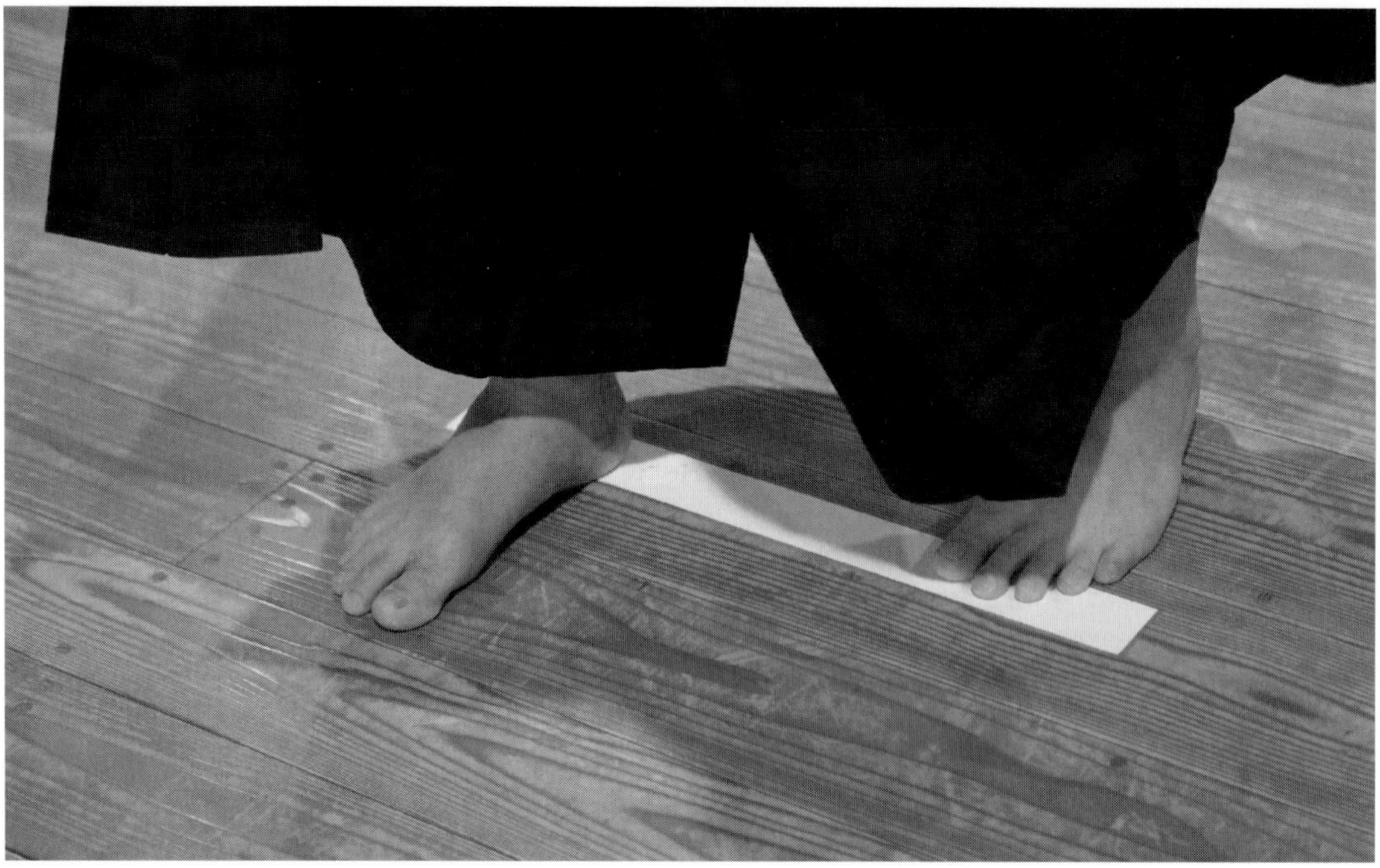

足構えは自分の足の大きさ一つ程度左右に開き、右足かかとのラインに左足のつま先がくるようにする

えで稽古に臨むよう心がけてください。

そしてもう一つ、姿勢を崩さずに打突するために大事なのが「竹刀の持ち方」です。握りの重要性は手の内の作用とも絡んで、多くの先達が解説していますが、ここではもっとも簡潔に説明してみたいと思います。「竹刀は上から握る」。これだけです。竹刀を横から握ることは厳しく戒められますが、それは竹刀を振る動作に関係してきます。竹刀を横から握っていると振り上げ、振り下ろしの動作がスムーズにできません。では竹刀を上から持つとどうなるか。実践していただくとよく分かると思いますが、実に

撞木足（左足つま先が外を向いている）で打突に出ると、身体が開いて大きく姿勢を崩してしまうおそれがある

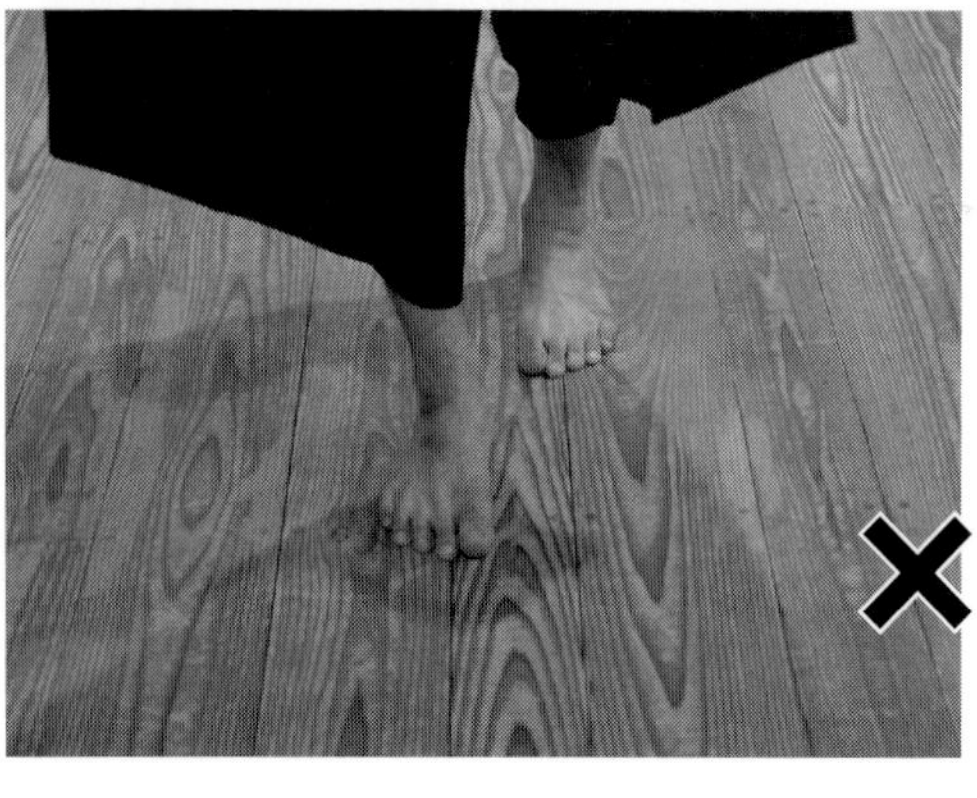

足幅が狭いと不安定な構えになってしまい、こちらも打突時に姿勢を崩す可能性がある

スムーズに振り上げから振り下ろしまでを行なうことができます。

　姿勢を崩さず打突を繰り出していくには、まず竹刀をまっすぐ振り上げてまっすぐ振り下ろすことができなければなりません。ですから竹刀を上から握ることは、姿勢を語る上で必要不可欠な要素なのです。

## 握り

柄は適正な長さにし、竹刀を上から握ることで偏りなく竹刀を持つことができる

　加えて、柄の長さも姿勢に大きな影響を及ぼしてきます。柄が長すぎればそれだけ右手は前に出ますから、打突の際も右手が勝った打突になってしまいます。できるだけ柄は適正の長さを心がけるようにしてください。

柄の長さはちょうど肘の内側に入る程度

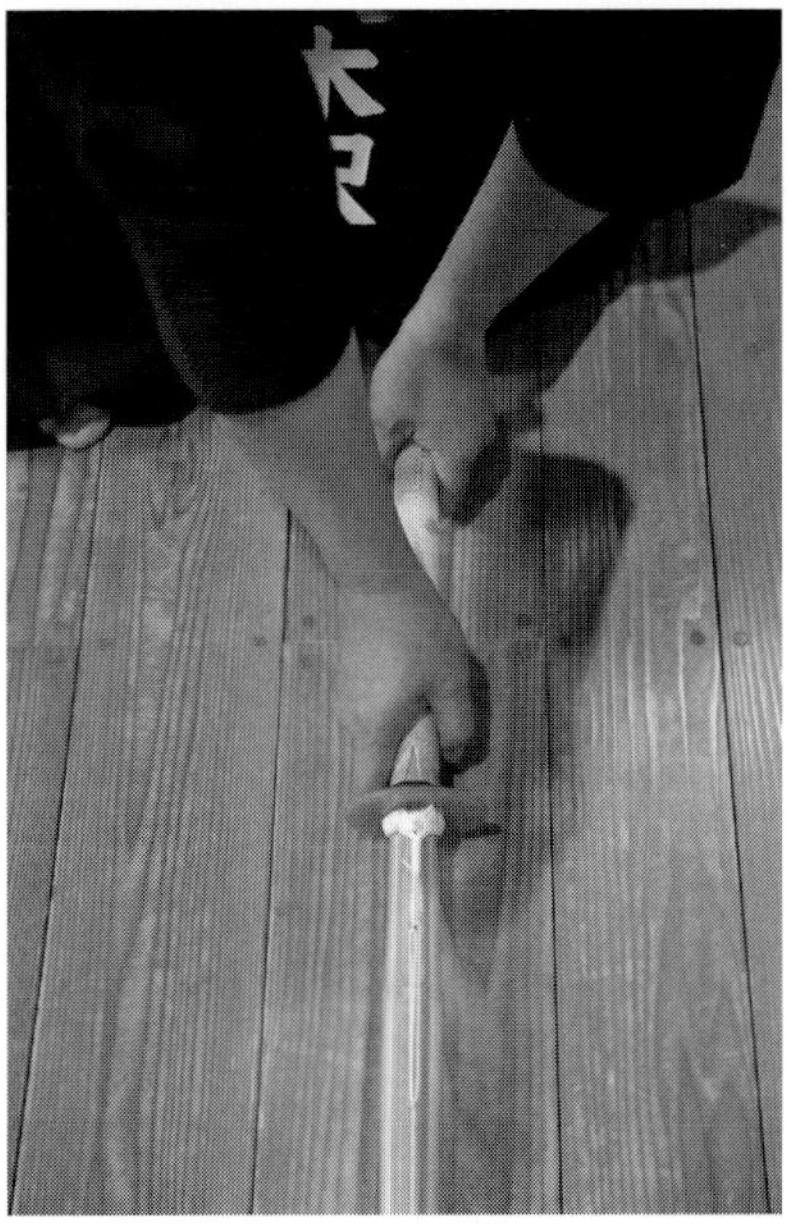

床に竹刀を置いて上から握ると、簡単に正しく竹刀を持つことができる

正しい足さばき

## 重心を意識して腰から移動する気持ちを持つ

二つ目は正しい「足さばき」を修得するための方法について、説明したいと思います。

足さばきについてはどなたも、剣道をはじめた時から口を酸っぱくして先生方に言われてきたと思います。しかし、足さばきに

ステップ1　竹刀を持たずにすり足で一歩、二歩と前進し、三歩目で踏み込む。

ステップ2　竹刀を持たずにすり足で一歩、二歩と前進し、三歩目で振りかぶりつつ踏み込みと同時に振り下ろす

ステップ3　竹刀を構えて一歩、二歩と前進し、三歩目で構えた状態のまま踏み込む

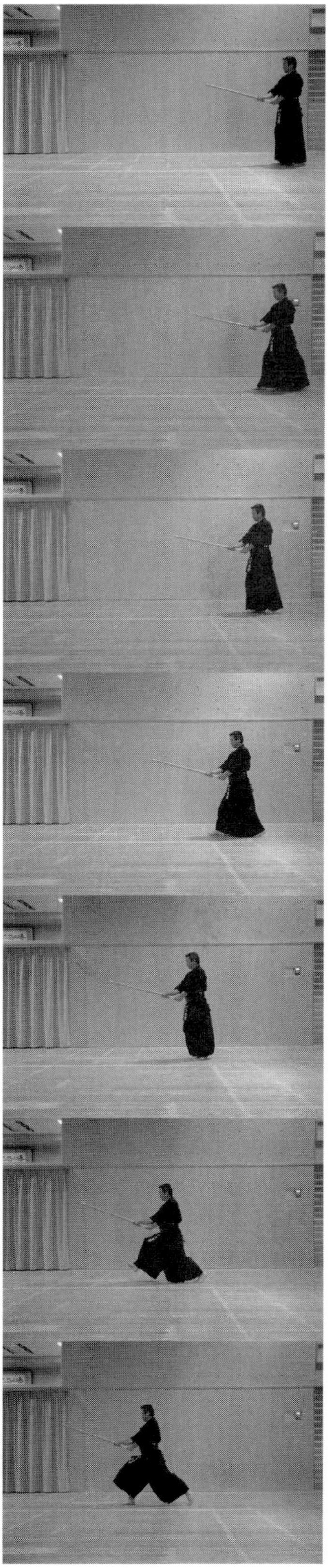

ステップ4　竹刀を構えて一歩、二歩と前進し、三歩目で振りかぶりつつ踏み込みと同時に振り下ろす

主眼を置いた稽古というのは、年齢があがるにつれてやらなくなってしまうものです。今、道に迷っている方々は、このような基本動作の復習を定期的に行なうことが、もしかしたら一筋の光明になるかもしれません。

　姿勢を崩さずに打突するための足さばき、それは永年にわたって語り継がれている「腰で打て」の教えを実践することです。とは言っても、腰で打つとはなかなか理解しづらい表現ではないでしょうか。そこで、私は段階を踏んで足さばきの稽古を行なうことで、この腰で打つ感覚に馴染んでもらえるよう指導しています。

　稽古方法としては、まず竹刀を持たずにすり足で一歩、二歩と前進し、三歩目で踏み込みます。この時、手は構えた状態を維持して下さい。2段階目は、同じく竹刀を持たずに一歩、二歩と前

進し、三歩目で振りかぶって踏み込みと同時に手で打突します。ここまでは、とくに姿勢が崩れることもなく行なえるのではないかと思います。

3段階目は、竹刀を持って、1段階目と同じように三歩目で踏み込みます。ここが重要です。竹刀を持つとどうしても打ちたいという欲求が顔をのぞかせます。そこを我慢し、竹刀を持って構えた状態のまま踏み込む練習をすることで、より実戦に近い状態のまま腰で打つ感覚を養うことができます。ここまでがスムーズにできるようになったら、4段階目として踏み込みと同時に竹刀を振ってみてください。確実に姿勢よく打突ができるようになっているはずです。自分の姿をビデオに収めて振り返ってみると、その効果も一段と分かると思います。

### 正しい打突動作

## 気剣体一致を段階的に身体に馴染ませる

最後は正しい「打突動作」を修得する方法について説明していきます。

剣道ではよく、「遠間から一拍子で打ちなさい」という指導がなされます。子どものころから剣道を続けてきた人ならば、たしかにこの教えは有効でしょう。しかしまだそのレベルに至っていない人にとっては、一つ間違うと大変な悪癖がついてしまうおそれがあります。

ブランクがある、大人からはじめた、年齢が高い人たちは、なかなか教えの通りに実践できないのが実情です。むしろ教えに忠実であろうとするあまり、姿勢を崩して打突してしまったり、技が相手まで届かなかったりという場面も多々見受けられます。ですから、まずは気剣体の一致した一拍子の打突とはどういうものなのか、その感覚を身体に馴染ませることからはじめるのをお勧めします。

稽古方法は、先ほどの足さばきと同様に段階を踏んで行ないます。第1段階はその場で大きく振りかぶり、踏み込みと同時に面を打ちます。そしてこの時、大きく「メン！」と発声します。気剣体が一致するとはどういうことなのか、この稽古で感覚を養っていきます。

第2段階は、同じく振りかぶって面を打ちますが、打った後相手に向かってまっすぐすり足で前進します。ここで重要なのは、相手にまっすぐ向かっていくことです。わずかでも姿勢の崩れることがないよう、最後まで気を配りましょう。

そして第3段階は、お互いに遠間で構え合った状態から、一歩

ステップ１　その場で大きく振りかぶり、踏み込みと同時に面を打つ。この時、大きく「メン！」と発声する

ステップ２　その場で大きく振りかぶり、踏み込みと同時に面を打つ。打突後はすり足で相手に向かってまっすぐ前進する

攻めて振りかぶりつつ打ち間に入り面を打ちます。自分の打ち間を理解するとともに、一歩攻め入ることでより実戦に近いかたちを作ります。

こうやって段階を踏んで稽古をすることで、これまで手と足がバラバラだった方も、徐々に気剣体の一致した打突ができるようになるはずです。ぜひ、実践してみてください。

ステップ3　遠間で構え合い、一歩攻めて振りかぶりつつ打ち間に入り面を打つ。打突後はすり足で相手に向かってまっすぐ前進する

# 特訓4

# 打突力を向上させる

# 打突力向上の秘訣は基礎基本にあり

脇本三千雄

悩める剣道愛好家に打突力向上のポイントを指導して下さいというご依頼をいただきましたので、私のこれまでの指導経験から感じること、参考になりそうな稽古法などについて、いくつか紹介させていただこうと思います。

まず打突力の弱さに困っている愛好家の方々ですが、これは大きく二つのパターンに分けられると思います。一つは青少年時代に剣道経験がある再開組、もう一つは大人になってから剣道をはじめられた新規組です。

再開組の方は、まず基本的な剣道の技術が本当に身についているか、確認することからはじめましょう。体さばきや竹刀の持ち方（中段の構え）などはもちろん、打突力に一番関わってくるのは手の内です。解りやすい目安としては、打突部位をとらえた瞬間の竹刀の位置がどうなっているか。打突部位に接触したままにならず、ことさらに跳ね上がらず、自然の反動で打突部位の上に竹刀が残っているような、そのような手の内の緊張と弛緩が理想です。

この手の内が身についていれば打突に冴えが生まれ、打突力の弱さに悩まされることもないはずですが、それでも、と思われる方は絶対的な稽古量の不足を心配するべきでしょう。大人の稽古会は互格稽古が主となっているところが多く、なかなか基本稽古をする機会がつくられてません。剣道の技術向上には基本稽古が不可欠です。稽古の回数が少ないならなおさら基本をおろそかにすることなく、打ち込みや切り返しを大事に稽古をしてください。

大人になって剣道をはじめられた新規の方々は、身体の柔軟性に欠けるところがあります。まずはストレッチと柔軟体操をしっかりとやってしなやかな身体を目指し、その上で手の内や体さばき、素振りなどの基本動作を徹底してください。大人になって新たなことをはじめると、知識でわかっていても身体が追いついていかないものです。余分な力が入って手の内の冴えを損なっている場合もありますので、リラックスして稽古に臨むことが必要になります。練習の不足から、竹刀の振りが小さくなったり、スピードが欠けていたり、体さばきや手の内の作用が完全に身についていなかったりと、初心者は覚えることが山積みです。焦ることなくコツコツと、基本の復習と反復を繰り返していきましょう。

打突力向上の稽古法は後述するとして、今回は審査でマルがつく打突力というのがテーマの一つでもありますから、審査についてのお話をしておこうと思います。

まず大事なのは心構えです。直前になって焦るのではなく、3カ月前ぐらいから気持ちを高め、身体を作っておく必要があるでしょう。そのためには1回の練習の中で1分でも2分でもいいですから、気を逸らさない集中した稽古を心がけるべきです。そうすることで、より自分の目前の相手に集中することができるようになります。

続いて自分の間合を熟知することも重要です。間合が解れば打突の機会が見えてきます。あとは機会だと感じた時に躊躇することなく打突ができるかどうかですが、これには攻めの気持ちが必要不可欠です。先の気を養い、相手の起こりを逃さない稽古を心がけてみてください。

それから、とくに打突力に関して言えば、極度の緊張から腕に力が入りすぎている受審者をよく見かけます。緊張は稽古の不足の不安からくるものが大半です。稽古を積み重ねることで自然と無駄な力が抜け、しなやかな手の内から冴えのある打突が出せるようになります。

**打突力を向上させるには**

# 正確な竹刀の握り方を覚える

打突力アップの第一段階は、正確な竹刀の握り方を覚えるところからはじめましょう。審査会場を見渡しても、いろんな竹刀の握り方をしている人がいるものです。もちろん人それぞれ、身体的要素からくる個性はあると思いますが、どんな場合でも握り方

左手は小指と薬指を意識して握るようにすると冴えのある打突になる

両手の親指と人差し指の間の分かれ目が弦の延長線上にくるように握る

の基本は変わりません。単純なことばかりですので、確実に覚えておいてください。

まずは左手ですが、薬指と小指はしっかり、その他三指は軽く握ります。握る位置は柄頭いっぱいか、軽く小指を半掛け程度にします。右手の握りは左手に準じますが、位置は指が鍔に触る程度のところで握り、必要以上に握りしめないようにします。右手の握りが硬くなると、竹刀操作がうまくいかない上、打突の冴えにも影響してきます。右手は軽く握ることによって手の内の緊張と弛緩がうまく働き、冴えのある打突を生み出せるようになるのです。

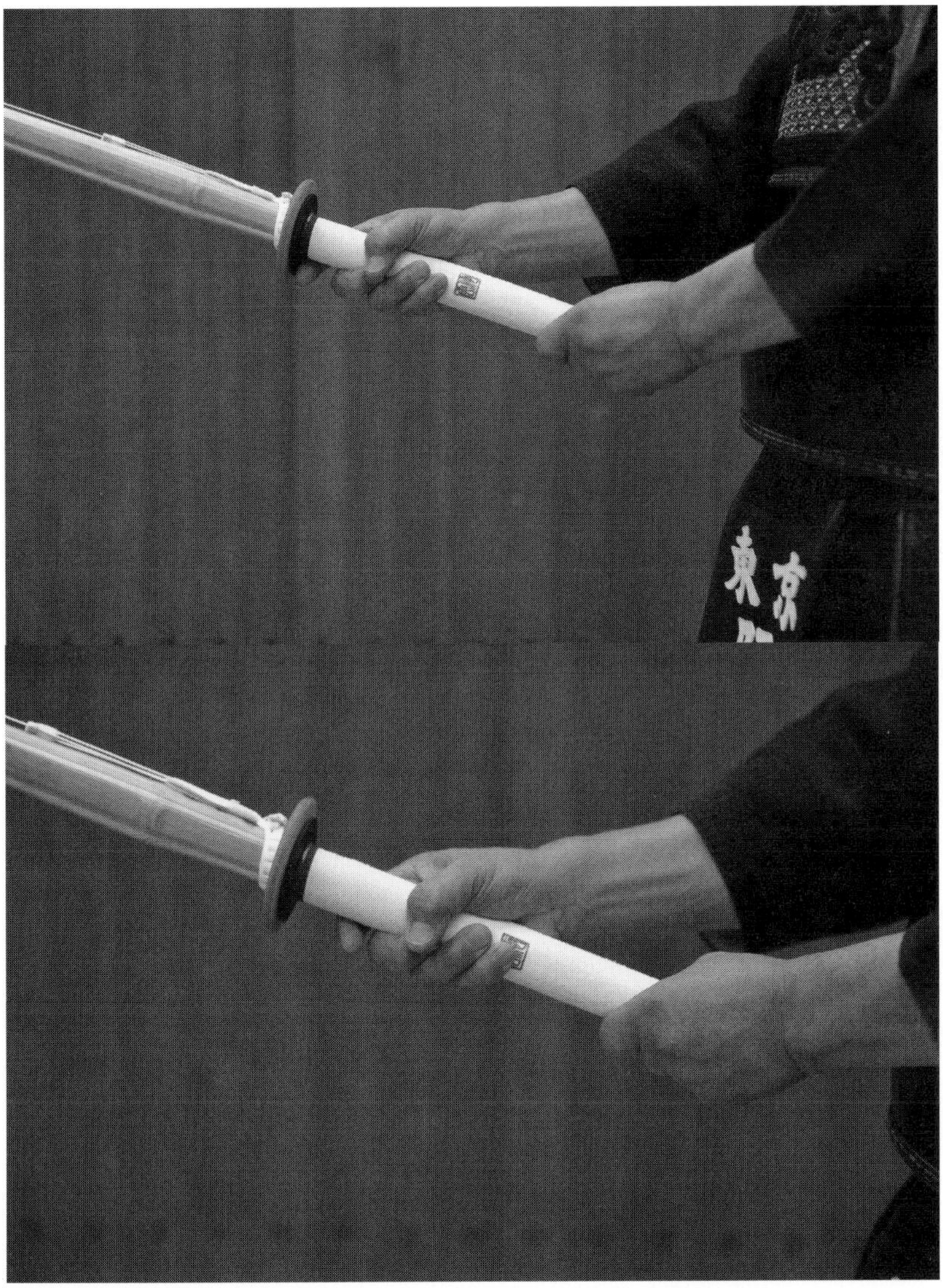

右手の握りは左手に準ずるが、握る位置はわずかに鍔に触れる程度のところで、必要以上に握りしめないようにする

そしてこれも基本的なことですが、両手の親指と人差し指の間の分かれ目が弦の延長線上にくるようにします。これは肘が開いたり、入りすぎたりすると刃筋正しい打突ができませんので、気をつけてください。

## 打突力を向上させるには

# 竹刀の正しい振り方を覚える

竹刀の振り方は解っているようで解っていない人が非常に多いようです。振る動作というのは当然ながら打突力に直結してきますので、ここで今一度確認しておきましょう。

ポイントとして、まず気をつけておかなければならないのは振り上げ方です。昨今は竹刀の振り方の説明において「押し手」や「引き手」という言葉が使われることがありますが、これはよくありません。基本は構えた状態の手元を維持し、まっすぐ振り上げてまっすぐ振り下ろす。竹刀をしっかりと振らなければ、一本になる打突力は生まれません。

そしてもう一つ意識しておきたいのが、剣先をどこまで振り下ろすかと言うことです。よく相手の顎先まで切り落とすと言いますが、だいたい左手は鳩尾、右手は自分の顎よりも下が目安となります。肩から手先にかけて、水がスーッと流れ落ちる程度の角度を意識してみてください。

竹刀を振り上げる時は構えた状態の手元を維持し、まっすぐ振り上げてまっすぐ振り下ろす。振り下ろす位置は左手は鳩尾、右手は自分の顎よりも下程度とする

打突力を向上させるには

# 肩関節を使った素振りを心がける

素振りは打突力の向上に欠かせない稽古の一つです。一人でもできるので、なかなか稽古場に足を運ぶことができない方は、時間を見つけて積極的に素振りに取り組んでみてください。「継続は力なり」とはよく言ったもので、必ずみなさんの打突力アップに一役かってくれるものと思います。

では素振りの際に注意しておくべき点ですが、剣先が大きく弧を描くような、大きな振りを心がけましょう。実戦での竹刀の振りは小さく振ることが多くなります。どんな打突であっても、竹刀はしっかりと振りかぶらなければなりません。肩関節を充分に使い、これ以上いかないというところまで振り上げてから振り下ろします。

素振りの工夫として、目方の違う竹刀や木刀を使い分けるのも有効です。重いものは筋力アップに効果がありますし、軽いものを振れば手の内が鍛えられスピードアップができます。一本一本の素振りを精いっぱい振ることが大事です。年齢が上がるにつれて早素振りなどは省く傾向にありますが、地稽古の前などに20～30本程度振っておくことは、心肺機能の安定につながるので実践してみてください。

剣先が大きく弧を描くように、肩関節を充分に使って竹刀を振り上げ、振り下ろす。目方の違う竹刀や木刀を使い分けるのも効果がある

## 打突力を向上させるには

# 打ち込み稽古で打突に勢いをつける

打ち込み稽古は剣道におけるもっとも重要な稽古法の一つでしょう。昨今はこの打ち込み稽古の数が足りていないのか、体さばきが悪かったり、連続技が打てなかったり足さばきと竹刀の振りが一致しないといった方をよく見かけます。打ち込み稽古は剣道

打ち込み稽古は打突力向上に必要不可欠な稽古法である。先をかける気持ちで捨て切った打突を心がけるようにする

の要素全般を底上げしてくれる大変に有効な稽古法ですから、少ない稽古時間の中にも必ず取り入れていただきたいと思います。

打ち込み稽古を行なう上で大事なのは、先をかける気持ちと基本に忠実な打突です。稽古ですから打たれることを怖がる必要はどこにもありません。精いっぱいの力を込めて、捨て切って打ち切る打突を心がけてください。加えて、打突時に体勢が崩れてしまっては、せっかく勢いのある跳び込みをしても100％の力を打突に伝えることができません。素早い動きの中でも体勢を崩すことのないよう、腰の入った正しい打突をするようにしてください。

腰の入った打突を実践するためには、蹴り足である左足をいつでも跳び出せるよう準備しておき、膕と大腿部にも充分な張りを持たせておくことが肝要です。

## 打突力を向上させるには

# 一足一刀の間合から腰の水平移動を意識して面を打つ

打突の力をあますことなく相手に伝えるためには、身体のバランス、重心が崩れないようにしておかなければなりません。そのためには正しい足構え、中段の構えを実践し、重心の移動をともなった打突をする必要があります。

重心の移動を伴わない打突の例としてあげられるのが、打ち始めに左のこぶしが腹部から離れていくような、手先だけを伸ばした打突です。これだと打突に体重が乗らず、腰も残るため踏み込みにも力が入りません。これでは打突も必然的に軽いものになってしまうでしょう。

「手で打つな足で打て、足で打つな腰で打て」の教えを実行していきましょう。そのための稽古法の一つとして、一足一刀の間合から相手に起こりを悟られず面を打つという方法があります。相

手に起こりを悟られるのは、こちらに色が見えるからです。左手が腹部から離れるような打突は、とくにその色が見えやすいものです。

　腰の水平移動を意識し、振りかぶりをできるだけ我慢するようにしましょう。そうすることで、重心の移動を伴った打突ができるようになるはずです。

腰の水平移動を意識して、振りかぶりをできるだけ我慢する。そうすることで重心移動を伴った打突が実践できる

### 打突力を向上させるには

# 相手を引き出しその起こりを打つ

　弱い打突というのは、技が小手先のものである可能性が非常に高いと思います。小手先の技は打突部位をとらえることはあっても、それが一本になることはほとんどありません。そこには充実した気勢や、適正な姿勢が備わっていないからです。冴えのある、だれが見ても一本というような技を出すためには、「打ち切る」ことを意識した稽古をしていくべきだと思います。

　私が指導の場で実践しているのは、相手を引き出してその起こりを打つ稽古です。剣先は中心を外すことなく、右足で攻めて相手の打ち気を誘います。そして相手が出てくる気配を感じたら、こちらから先に動き、捨て切って相手の面を打ちます。打突後は前に抜け切るという意識を持っておくと、さらに勢いのある打突になると思います。打突の後は体当りになる。自分の間に空間を

攻め合いの中で相手の動きを察知し、相手を引き出してその起こりを打つ。打ち切る意識を持って取り組むことで、打突力の向上につながる

つくらない。止まらない勢いです。

捨て切った技は憂いがないので、かならず相応の打突力が備わっているはずです。ですから、この稽古を繰り返し行ない打ち切るという残心を含んだ打ちの感覚を身体に覚えさせていくと、他の稽古の場面でも自身の打突の強弱が解るようになり、ひいては打突力が向上することにつながってくると思います。

# 有効打突の条件を精査 〝一致〟をテーマに打ちの弱さを克服する

## 滝澤建治

攻めて崩し、せっかく打突部位をとらえても評価しづらい打ちがあります。試合であれば旗を上げにくい、審査であればマルがつきにくい打ちということになりますが、それらの打ちは総じて軽い印象、すなわち弱さを感じるものです。

機会をとらえてせっかく打った技ですので、確実に一本にしたいところですが、打ちを強くするということは、すべてのことを「一致」させることだと、わたしは考えています。

「剣道試合・審判規則」12条に「有効打突は、充実した気勢、適正な姿勢をもって、竹刀の打突部で打突部位を刃筋正しく打突し、残心あるものとする」と記されています。

これらの条件を瞬時に一致させて打たなければ有効打突は生まれませんが、充実した気勢とはなにか、適正な姿勢とはなにかなど、ひとつひとつ条件を吟味してみることが、理想の一本を打つことのポイント、すなわち「打ちの弱さを克服すること」になると考えています。

まず、充実した気勢を細かく考えてみましょう。多くの方は、気勢のことを「声を大きく出す」と思っているのではないでしょうか？　確かにその一面もありますが、声は人それぞれであり、大きく出る方もいれば、そうでない方もいます。私は体の中に溜まった気だと考えています。この気を打突の際に体外に放出させることなのです。

次に適正な姿勢ですが、一般的には背筋を伸びた腰の入った構えで打つことが適正な姿勢と思われています。もちろん間違えではありませんが、もっと打突を細かく分解し、打突時の手の動き、足の動き、頭の動き、さらには腰の動きなどを考えることで、今まで適正だと思っていた姿勢の中に、不適正な部分を見つけることができます。これが大きなテーマになると思います。

また、竹刀の打突部（物打ち）は、一般的には竹刀の先端から3分の1程度の範囲をいいますが、厳密にいうと物打ちというのは「線」ではなく「点」であると、わたしは考えています。おおむねこのあたりというのではなく、自分はこの物打ちの部分で打つという意識が打突を正確にし、打突力を高めるのです。よって打突部位についても同じ考えが必要で、防具の広い打突部位を打つのではなく、その中の一部分を打つことが重要となります。

刃筋に関して竹刀は丸みをおびており、これを意識するのは難しいのですが、刀は刃筋が正しくないと斬れません。木刀でも刃筋が通っていると気持ちのよい感触が手に残ります。竹刀も同じです。竹刀でもどのように打っても正しい刃筋になるよう心がけたいものです。

最後に残心ですが、身体の中にある気で残心を取るということも忘れてはいけません。残心というものは本当に集中した一本の中で、自然に生まれるものですので、いまご説明した有効打突の条件の意味をよく考えてみましょう。

今回は、打ちの弱さを克服することがテーマですので、上半身の一致、下半身の一致、手足の一致について紹介したいと思います。一致というと「手足の一致」を連想すると思いますが、上半身を円滑に動かすにも肩・肘・手首の一致が必要であり、下半身の一致も足の付け根・膝・足首の一致が必要なのです。

上半身の一致

# 肩・肘・手首を連動させて竹刀を振る

竹刀の握り方は、左手の小指は柄頭いっぱいに握り、小指・薬指・中指の順に締めながら鶏卵を握るつもりで手のひらにおさめ、親指と人差し指は軽く握る程度にします。この握りで構えて竹刀を振り上げるのですが、振り上げるときは肩を中心にしなやかに振ることが理想です。

竹刀を振るときは肩・肘・手首を連動させて振ることが大切です。このことはだれもが一度は聞いたことがあり、それを実践しようと努力しているはずです。ところがこの連動は意外に難しいものです。大きく振るときは肩の始動から振り上げ、振り下ろすときは肩・肘・手首を使って行ないます。小さく振るときはこの振幅を極力せばめていくのですが、このとき肩だけを使って振ってしまったり、肘、手首のみを使って振ってしまったりします。

肩だけで振っている方は手の握りが強すぎる傾向があります。肘だけで振っている方は、肘を折り曲げ竹刀を引き寄せる傾向が

肩・肘・手首を連動させて竹刀を振る

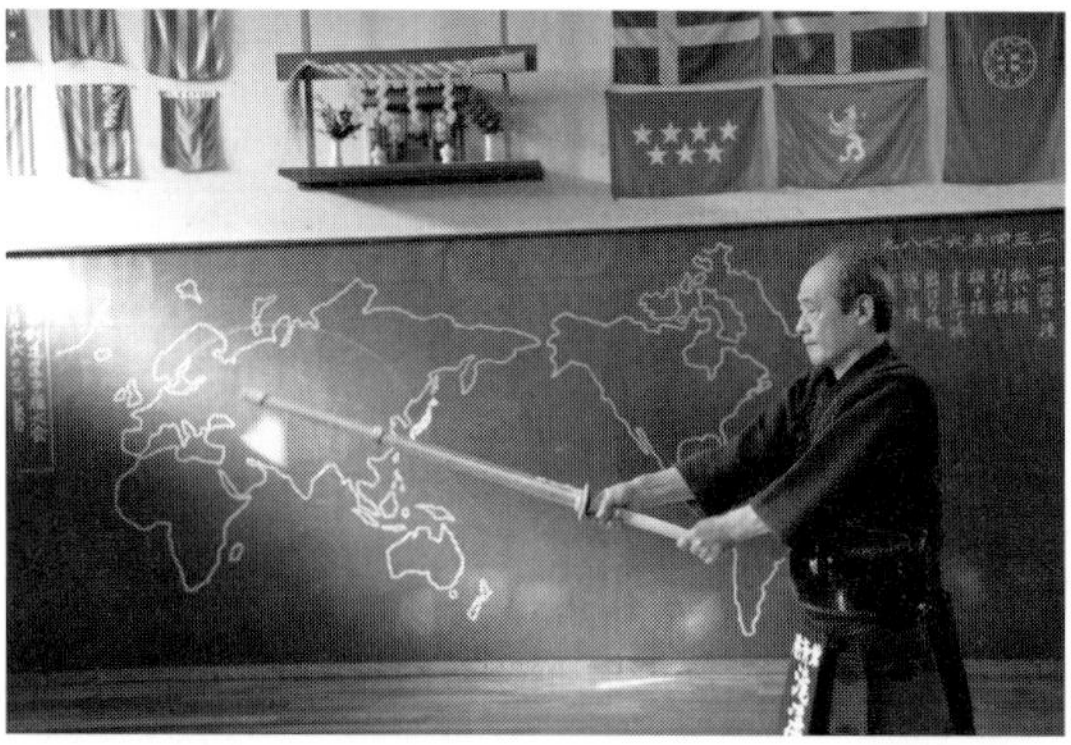
肩だけを使った振り

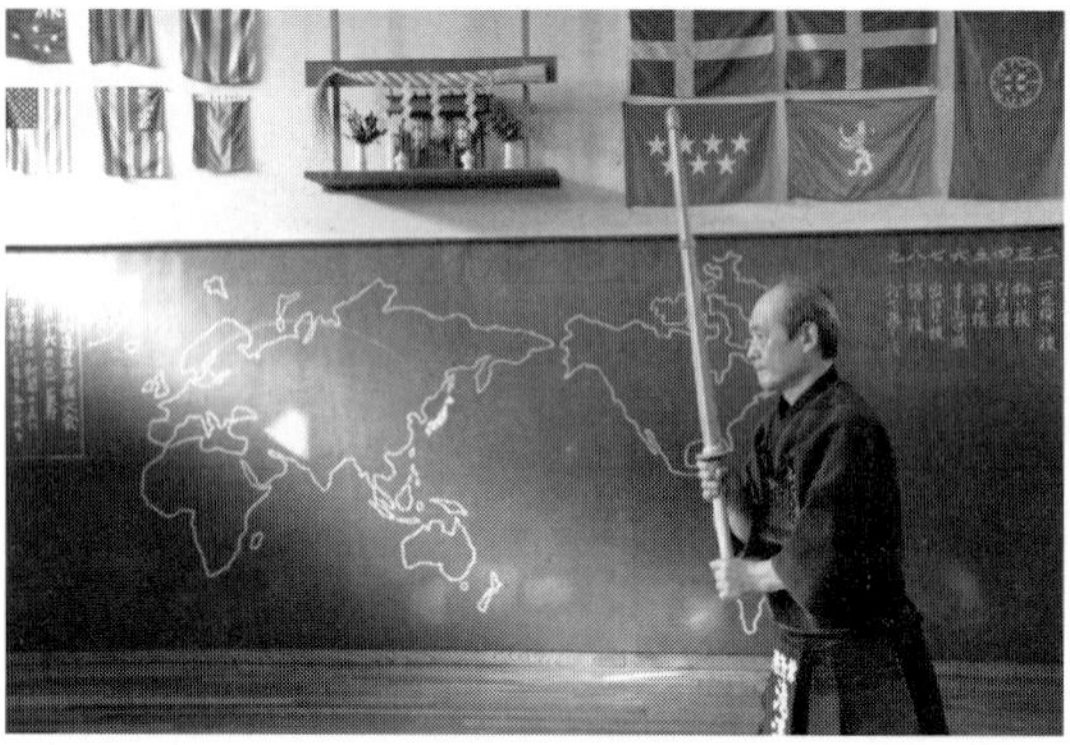
肘だけを使った振り

手首だけを使った振り

あります。また手首だけで振っている方は竹刀を振らず、置きにいくような打ちをしています。写真のような極端な方は少ないと思いますが、小さい打ちでも肩・肘・手首を連動させて竹刀を振ります。

## 下半身の一致
# 足の付け根・膝・足首を連動させて踏み込む

上半身は肩・肘・手首を使うことが大切ですが、下半身も上半身と同様、足の付け根・膝・足首という三つのポイントがあります。

打突のとき、左足で右足を押し出すような気持ちで右足を出し、左足で踏み切ります。打突動作が円滑にできているときは足の付け根・膝・足首が連動し、力強い踏み切りで左足の引きつけも素

足の付け根だけを使った踏み込み

膝だけを使った踏み込み

足首だけを使った踏み込み

足の付け根・膝・足首を連動させて踏み込む

早くできます。

この三つが連動していないと動きがぎこちなくなります。足の付け根だけを動かすと顎が上がり気味になり、膝だけだと腰が残りやすくなり、足首だけだと左足が跳ね上がった状態になりやすくなります。すべてがこの条件にあてはまるわけではありませんが、足の付け根・膝・足首を連動させないと姿勢が崩れやすくなるのは間違いありません。

足さばきは歩み足、送り足、開き足、継ぎ足がありますが、送り足は右足をやや浮かしながら動かします。かかとが床板に着いた状態だと動きがぎこちなくなってしまいます。普段から足さばき、打突時、重要となる踏み込み足を稽古しておくことが大切です。足さばきは子供の指導で必ず行なうものであり、大人にとっても重要です。

### 上半身と下半身の一致

## 大きい打突も小さい打突も一拍子で打つ

剣道では一拍子で打つことが求められます。普段から上半身と下半身が一致した打ちを自在に出せるように稽古しておくことが大切です。加齢とともに足がきかなくなり、手足がそろわない打ちになってしまいますので足を活かした稽古をするようにしたいものです。

実戦では、相手が打ち込み台のように動かないことはありません。前に出てくるときもあれば、横に動くときもあり、あるいは間合を切ることもあります。また攻めてくることもあります。そのようなやり取りの中で姿勢正しく打ち切ることができなければならないのですが、それには大きくても小さくても手足を一致させた打ちを身体に覚え込ませる必要があります。

打ち込む際は送り足で打つ、継ぎ足で打つ、歩み足で打つなど単調にならないように気をつけます。相手がいないときは比較的スムースに打てるものですが、上体が前傾して打ち込んだり、竹刀で打突部位をとらえるよりも先に足を踏み込んでしまったりするものです。大きく崩れることはありませんが、自分が理想とする打ちを出すことはなかなか難しいのでくり返し打ち込んで覚えるようにしましょう。

足を意識して上半身と下半身が一致した打ちを出せるように普段から稽古しておく

打突部位をとらえる前に右足を踏み込んだり、上半身を前傾させて打ったりしないように気をつける

一人稽古

# 一人稽古で打った感触を身体にしみ込ませる

社会人の方は稽古時間をねん出することが悩みの一つだと思いますが、自宅でも空き時間を利用して打ちの弱さを改善することは可能だと思います。

打ち込み稽古はとても有効な稽古法ですが、いつも稽古相手がいるとは限りません。そんなときには打ち込み台を使った一人稽古が有効だと考えています。打ち込み台に向かって手足を一致させ、姿勢正しく打ちます。姿見があればなお効果的です。自分の姿が確認できます。

打ち込み台がない場合は、代用物を打つだけでもよいと思います。実際に物を打つことで打突の感触を手の内に覚えさせるのです。自宅でも竹刀を握って振るスペースがあれば可能です。足を使わなくても座りながら代用物を打つだけで手の内の感覚は養われます。

打ちの弱さを克服するには、まずは基礎訓練をくり返し、「一致」を身体に覚えさせることです。ただし、無理をするとケガにつながりますので、正しい姿勢で合理的な動きを考えて稽古をつづけることです。わたしは鼓を叩くような音がする一本を理想としています。そのような打ちはそう簡単には出せませんが、一致を意識し、一本でも多く出せるように稽古しています。

打ち込むことで打突の感触を手の内に覚えさせる

鏡に自分の姿を映しながら行なうと欠点がわかりやすい

# 五体の役割を認識し、癖を矯正 気剣体一致の打突につなげる

中島博昭

「あの技は惜しかったなあ」。審査や試合が終わったあと、そのような会話をされたことはあるでしょうか。あと少し、何かが足りなかったがために一本に決め切れず、悔しい思いをした事がある方も大勢いらっしゃるのではないでしょうか。その原因の一つに打ちの弱さがあります。惜しい一本はなぜ一本にならないのか。そこを考えると、また剣道がよくなると思います。

剣道では、こちらが崩れないまま相手を攻めて崩し一本に導くことが理想です。しかし、昨今は試合で育ってきた人が多く、その場合どうしても当てることに意識を置きがちです。「当てる」と「打つ」は違う、とよく言われます。「ここが打突の機会である」と認識したとき、十分な体勢でないまま打ってしまうと、姿勢、振り方、足遣いなどで無理が生じてしまいます。それは崩れた打突です。せっかく、攻めて相手を崩して機会をつくったのに、それでは一本になりません。

気剣体一致の打突を普段から意識することが大事であるかと思います。それこそが打突力の向上につながります。具体的に申し上げると、基本のくり返しです。基本を見直してみれば「肩の動きがかたい」「力む」「手足がバラバラ」「前傾姿勢」などの癖が見えてくるかもしれません。それらを、基本を行なうことで正していき、理想の打突にすこしでも近づけます。

意識を捨て去ることは、どうしても難しい。だからこそ、基本から見直し、癖の矯正につとめて、打突力の向上をめざしていくことが大事であるかと思います。

## 構えは極力崩さない。4段階の稽古法で面打ちを見直す

面打ちの動きを正しく学ぶために、その動きを四段階に分けた稽古法を以前から行なっていました。面打ちの動きを分解していくと、自分の体がどのように動いているのかがよくわかります。前任校では部員が少なかったので、私自身も参加しながら行ないましたが、とても成果を感じることができました。

四段階に分けての稽古法は、次の通りです。

**【1段階目】一拍子の素振り**

一本一本、攻めて打つイメージをもつ。一拍子を心がける。重心が右に偏らないように注意する。左足は溜めるイメージをもつ。振り下ろす瞬間に手の内を意識する。手の内を締めた瞬間、若干剣先が跳ねかえることを確認する。

**【2段階目】踏み込まずに面を打つ**

素振りと同じ要領で、その場から一歩入ると同時に面を打つ（踏み込みはしない）。適正な姿勢を知るために、打てる間合から打つこと。元立ちの面を打った状態から一歩引いてみると、間合をつかめる。

**【3段階目】踏み込んで面を打つ**

おおよそ、中結が重なるくらいの間合から左足を継がずに打つ。必ず姿勢を崩さずに打てる、安心して打てる間合から打つこと。

**【4段階目】一足一刀の間合から打つ**

3段階目の面打ちに慣れてきたらだんだんと間合をとり、一足一刀の間合から左足を継がないで打つ。一足一刀の間合は個人に

よってことなるので、4段階の面打ちの中で自分の間合を見つけること。体を突っ込んで打たないように心がける。また、間合を広くとると、左足を継いでしまう傾向があるので注意。継ぎ足の癖はなかなか直らないので、確認しながら行なうとよい。

4段階に分けての面打ちの稽古はおおよそこのような順序で行なっています。安心感がある近い間合で稽古を重ね、慣れてきたらだんだんと遠い間合から打つようにします。いつでも適正な姿勢を保つこと、肩・肘・手首の動きや手の内を意識すること、この2点に重点を置くようにします。

これらを行なう際、最初の構えが崩れていてはいけませんので、よく確認をするようにしましょう。右手が力んでいないかどうか。左手を中心に置いているかどうか。攻めのとき重心が左足に乗っているかどうか。とくに打突のときの左足踏切のタイミングは、右足の攻めと同時に左足指付け根あたりに重心移動を感じるときに打突しているような感覚です。

このような基本的なポイントを外さないようにし、普段から注意されているところの点検をすると、効果があがります。

## 1段階目・一拍子の素振り

準備運動的なとらえ方をしないこと。一本一本、決め切るつもりで振る

手の内を締めると、振り切った瞬間剣先が若干跳ねる

## 3段階目・踏み込んで面を打つ

竹刀を打突部で打突部位に当てた状態から一歩引いた間合いから、踏み込んで打つ。ここで姿勢を偏らせないまま打つことを覚える

## 2段階目・踏み込まずに面を打つ

踏み込まず、その場から一歩出ると同時に打つ

**4段階目・一足一刀の間合から打つ**

自分が崩れないまま打てる間合を覚えたら、そこから打つ練習をする

# 仕かけて面・出ばな面。二つの足さばきで面打ちを学ぶ

面打ちを稽古するときは、大きく分けて「自分から仕かけて打つ」「攻め合いの中で、相手の出ばなをその場から打つ」の二種類を行なっています。これは、初心者を指導する際にも、面打ちの動きを覚えてもらうためによく稽古しています。

ここでは、足遣いがポイントになると思います。仕かけて打つ場合は、こちらから攻め入り技を出します。右足を前に出す時に、前傾姿勢にならないようにすると同時に、左足にかかっている重心がぶれないように心がけます。構えにおいて、とくに意識しなければならないのは左半身の充実であると思います。左足は打ち足となるので重要です。構えたときの踵の問題として心がけていることは上げ方です。踵を上げすぎると瞬間的に体は出ますが、打ち切った技が出ません。

## 出ばな面

相手の出ばなを素早くとらえるため、左足で継ぎ足をしないこと

継ぎ足をすると、対応ができないため横から打つなどの弊害が出てくる

## 仕かけて面

自分から攻め入り、仕かけて面を打つ。攻め崩す意識をもつこと

出ばな技の場合は、面を打つ瞬間は継ぎ足をしないように心がけます。相手がこちらに向かってくる分、素早い対応が求められるためです。そこで継ぎ足が癖になっている人は注意が必要です。

継ぎ足をする分対応が遅くなるため、場合によって、相手の面をよけるように面を打っている人がいます。いつでも気剣体一致の打突を念頭に置くことが大事であると思います。

## 姿勢に注意。体を生かす一息の連続三本打ち込み稽古

打った後は素早く振りかえって体勢を整え、次の打突につなげること

打ち込み稽古においては、よく一息で連続三本の打ち込み稽古を行なっています。この稽古は、一息で行なうため、もたもたしているとすぐに息が切れます。打突したあと、次の体勢を素早くつくる必要があります。

ただ、速く打とうとするだけで体勢を気にしないと、体から突っ込むようなかたちで打突してしまいます。「手で打つな足で打て、足で打つな腰で打て」の言葉もあります。姿勢と足遣いを心がけながら、素早く振りかえるようにします。

一息で行なう以上、スピード性も求められますが、肩・肘・手首をしっかり使い、手の内の締めなども怠らないようにしましょう。

このような基本稽古においては、準備運動的なとらえ方をせず、打つ技すべてを一本にするつもりで打つと稽古の質が高まります。「打つ」という行為は、竹刀を振る力だけではなく、足腰の力も伝わることで成り立ちます。手や足など、どこかが崩れれば、打

突もまた崩れてしまいます。

私自身、大学を卒業後は稽古不足に陥ったため、あるとき知人の話を聞いたのがきっかけで武道学園に通うようになりました。そこで基本の重要性を実感し、「しっかり切り返しや打ち込み稽古を行なうことが打突力の向上につながる」という気持ちに至りました。

また、求めて稽古をする気持ちにもなりました。稽古を積んだことで、剣道に対する自信がつき「がんばれる気がする」と思えたからです。それが私の転機になりました。現在も、武道学園に指導者として携わっています。

稽古に裏打ちされた自信があれば、また審査や試合でもいい結果に結び付くことが多いと思います。稽古場を求め、環境を整えることが肝要です。今は大人同士の稽古会もたくさんあります。私自身、これからも基本稽古を怠らず、精進を重ねていきたいと思います。

［著者略歴］

**脇本三千雄**……特訓4
わきもと・みちお／昭和12年生まれ。高鍋高校から国士舘大学体育学部第一期生として入学。卒業後は都内中学校の教諭を経て、武蔵村山第二中学校・中野富士見中学校の校長を務める。定年後は母校・国士舘大学に指導者として招かれ、現在国士舘大学剣道部師範。中野剣道教室室長。剣道範士八段。

**太田忠徳**……特訓1
おおた・ただのり／昭和16年千葉県匝瑳市生まれ。匝瑳高から警視庁に奉職する。全国警察官大会団体優勝、全日本東西対抗、明治村剣道大会等に出場。警視庁剣道主席師範をつとめ、平成12年に定年退職。現在、全日本剣道道場連盟専務理事、日本武道館武道学園講師。剣道範士八段。

**伊藤陽文**……特訓2
いとう・はるふみ／昭和16年東京都生まれ。鎌倉学園高から拓殖大に進み、卒業後神奈川県警察に奉職。全国警察官大会、国体、全日本東西対抗大会、明治村大会などに出場。昭和53年陽武館伊藤道場を創設。現在、神奈川県警察剣道名誉師範、全日本剣道道場連盟理事、神奈川県剣道連盟常任相談役、神奈川県剣道道場連盟会長、陽武館伊藤道場館長。剣道範士八段。

**滝澤建治**……特訓4、（下巻特訓5、特訓7）
たきざわ・けんじ／昭和16年東京都生まれ。巣鴨高から明治大に進み、全日本学生団体優勝。卒業後、酒造会社を経て㈱シモンに入社、営業本部長、常務取締役を歴任。現在、父滝澤光三範士九段が開設した思斉館滝澤道場で少年から大人までの指導にあたる。神奈川県剣道連盟副会長。剣道教士八段。

**菅野　豪**……特訓2、（下巻特訓6）
かんの・つよし／昭和18年生まれ。宮城県立伊具高校を卒業後、警視庁に入る。その後、千葉県柏市内で少年指導をはじめ、昭和54年に警視庁を退職、柏武道館を設立する。第49回全日本選手権者の岩佐英範氏（現在警視庁剣道教師）をはじめ、かずかずの強豪剣士を育て上げた名指導者。千葉県剣道連盟審査員、千葉県剣道道場連盟会長。剣道教士八段。

**中村福義**……（下巻特訓5、特訓7）
なかむら・ふくよし／昭和23年生まれ。４歳の頃より竹刀を握り、慶應志木高校から慶應義塾大学へと進学。大学卒業後は東急不動産㈱に務め、現在は中村彦太、中村鶴治と続く東京修道館の三代目館長として、後進の指導にあたる。東京都剣道道場連盟会長、㈶鹿島神武殿理事長。元慶應義塾大学剣道部監督。剣道教士八段。

**水田重則**……（下巻特訓6）
みずた・しげのり／昭和26年佐賀県生まれ。龍谷高から中京大に進み、卒業後、茨城県教員となる。全国教職員大会優勝、国体優勝、全日本選手権大会、全日本東西対抗大会、全日本選抜八段優勝大会出場など。剣道愛好家を集めた「水田道場」を主宰。茨城県内外から剣道愛好家が集まっている。現在、流通経済大学剣道部師範。剣道教士八段。

**山内正幸**……特訓3
やまうち・まさゆき／昭和27年福岡県生まれ。福岡農業高から国士舘大に進む。卒業後、郷里に戻る。全日本選手権大会、全日本都道府県対抗大会、全日本東西対抗大会出場。現在、㈲あすなろ代表取締役、福岡県剣道連盟理事、同強化委員委員長、福岡県剣道道場連盟理事長、今宿少年剣道部師範。剣道教士八段。

**白石輝志通**……特訓2、（下巻特訓5、特訓6、特訓7）
しらいし・きしみち／昭和28年栃木県生まれ。早稲田実業高から早稲田大に進み、卒業後、㈱スキージャーナルに入社、剣道日本編集部に配属される。全国の道場をわたり歩くキャラクター「鉄平」として道場訪問記を手がける。全日本選手権大会５回出場、全日本学生優勝大会２位、関東学生優勝大会優勝、関東学生選手権大会優勝など。現在、純篤武道具店主兼フリーライター、蔵の街剣志会会長。剣道教士八段。

**中島博昭**……特訓4
なかしま・ひろあき／昭和30年熊本県多良木町生まれ。多良木高校から筑波大に進み、卒業後、都立高校の教員となる。現在、小松川高校教諭、千葉商科大学剣道部師範、武道学園講師、東京都高体連剣道専門部副部長。剣道教士八段。

**谷　勝彦**……特訓3
たに・かつひこ／昭和32年生まれ。新島学園高から筑波大に進み、卒業後、群馬県高校教員となる。全日本選手権出場、全国教職員大会優勝、全日本選抜八段優勝大会優勝などの競技実績を残すとともに群馬県内で行なわれる一般愛好者を対象とした稽古会で指導にあたっている。現在、藤岡中央高校教頭。剣道教士八段。

**八木沢　誠**……特訓3
やぎさわ・まこと／昭和36年生まれ。秋田商業高校から日本体育大学に進学。卒業後は助手を経て大学院に進学、修了後は大学で研究生活を続ける。現在、日本体育大学教授、同大学剣道部長兼男子監督。全日本学校剣道連盟常任理事。剣道教士八段。

初出一覧

本書に収録した記事はいずれも雑誌『剣道時代』に掲載されたものに加筆・修正を加えたものです。

特訓1 『剣道時代』二〇一一年二月号特集「面で応じて一本」
特訓2 『剣道時代』二〇一一年四月号特集「小手に応じて一本」
特訓3 『剣道時代』二〇一一年八月号特集「面を打つ技術」
『剣道時代』二〇一一年九月号特集「姿勢を崩さずに打つ」
特訓4 『剣道時代』二〇一一年十一月号特集「『打ちが弱い』は一大事」

カリスマ講師《こうし》が指導《しどう》 剣道特訓《けんどうとっくん》これで進化《しんか》 上巻

発　行――平成27年3月10日　初版第1刷発行
編　者――剣道時代編集部
発行者――橋本雄一
組　版――株式会社石山組版所
撮　影――徳江正之、西口邦彦
編　集――株式会社小林事務所
協　力――栁田直子、寺岡智之
発行所――株式会社体育とスポーツ出版社
〒101-0054 東京都千代田区神田錦町1-13 宝栄錦町ビル3F
TEL 03-3291-0911
FAX 03-3293-7750
http://www.taiiku-sports.co.jp
印刷所――三美印刷株式会社


ISBN978-4-88458-278-4
C3075 Printed in Japan

## 剣道時代の本

# 剣道は乗って勝つ

岩立範士の連載、特集記事が一冊に
日本はもとより海外からも多数の剣士が集まる
「松風館道場」。その館長岩立三郎範士八段が
剣道愛好家に贈る剣道上達のためのポイント。

岩立三郎著

B5判　152ページ　定価1800円＋税

ISBN978-4-88458-277-7

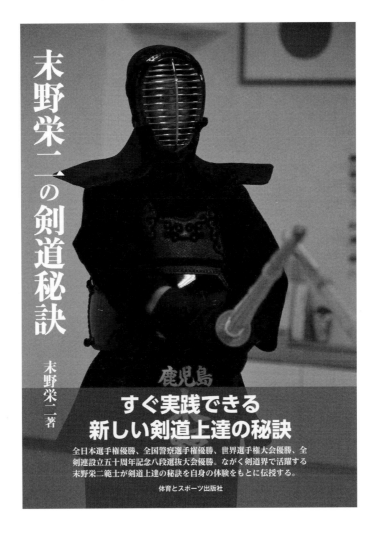

（2025年4月現在）

剣道学、筋トレ学を学ぶ 故に書を読む

体育とスポーツ出版社

# 図書目録

KEN DO JI DAI
月刊 剣道時代

Monthly Bodybuilding Magazine
ボディビルディング

（株）体育とスポーツ出版社

## なんといってもためになる　剣道時代の本

**生死の岐路で培われた心を打つ面**

### 面 剣道範士九段楢崎正彦

**剣道時代編集部編**

A5判並製352頁・定価：2,860円

楢崎正彦範士の面は「楢崎の面」と称され、剣士たちの憧れであり、尊敬の念も込めてそう呼ばれた。人生観、剣道観が凝縮された面ゆえにひとびとの心を打ったのである。その面が生まれた要素のひとつとして戦後、26歳で収監されて約10年にも及ぶ巣鴨プリズンでの獄中生活が大きい。生死の岐路で培った強靭な精神で〝生ききる〟という気持ちを失わなかった。極限な状況にあっても日本人らしく武士道をつらぬいたのだった。楢崎範士がそういう心境になれたのは、巣鴨プリズンで同室となった岡田資中将（大岡昇平『ながい旅』の主人公」との交流が大きかった。楢崎範士の生き方はあなたの剣道観、いや人生観が変わるきっかけにもなるでしょう。とくに楢崎範士を知らない世代が多くなった若い世代に読んでもらいたい。

---

**打たれ上手な人ほど上達がはやい！**

### 剣道は乗って勝つ

**岩立三郎 著**　B5判並製・定価：1,980円

日本はもとより海外からも多数の剣士が集まる「松風館道場」。その館長岩立三郎範士八段が剣道愛好家に贈る剣道上達のポイント。剣道時代の連載記事と特集記事がまとめられた一冊である。

# あなたの人生、剣道を導き支えてくれる本との出合い

礼法・作法なくして剣道なし

## 剣道の礼法と作法

**馬場武典 著**

B5判・定価：2,200円

30年前、剣道が礼法・作法による「人づくり」から離れていく風潮を憂い、『剣道礼法と作法』を著した著者が、さらに形骸化する剣道の礼法・作法を嘆き、"礼法・作法なくして剣道なし"と再び剣道の礼法と作法を取り上げ、真摯に剣道人に訴える

---

初太刀一本 千本の価値

## 神の心 剣の心（新装増補改訂版）

**森島健男述　乃木神社尚武館道場編**

四六判・定価：2,530円

本書は平成10年発行。森島範士（令和3年8月逝去）の剣道哲学の集大成の一冊である。森島範士が剣道人に伝えたかったことと剣道への想いが切々と語られている。復刊にあたり、「日本伝剣道の極意　乗る」「私の好きな言葉」、そして乃木神社尚武館道場の梯正治、坂口竹末両師範の追悼文を加えた新装増補改訂版である。

---

理に適う剣道を求めて

## 修養としての剣道

**角正武 著**

四六判・定価：1,760円

理に適うものを求めることこそが剣道と、生涯修行を旨とする剣道に、如何に取り組むのかをひも解いた書。健全な心身を養い、豊かな人格を磨いて充実した人生に寄与する修養としての道を分かりやすく解説した書

# 剣道を愛し、読書を愛する剣道時代の本

★ロングセラー本

## 剣道の極意と左足

**小林三留 著**

B5判・定価：1,760円

左足が剣道の根幹だ。まずは足腰を鍛え、剣道の土台づくりをすることが大切だ。著者小林三留範士八段が半世紀以上をかけて体得した剣道極意を凝縮した一冊!!

---

## 生涯剣道へのいざない 剣道の魅力

**山神真一 著**

四六判・定価：2,200円

剣道の魅力を様々な視座から追究することを通して、生涯剣道を考える機会をいただき、剣道を改めて見つめ直すことができたことは、私にとって望外な幸せでした。（中略）論を進めるにつれて、生涯剣道にも『守破離』に代表されるプロセスがあることに気づかされました（あとがきより）

---

## 剣道昇段審査対策21講

**亀井徹 著**

B5判・定価：1,760円

著者が剣道家として、選手権者として永年培ってきた経験をもとに、仕事で忙しい市民剣士向けにまとめた昇段審査対策を分かり易く解説。著者は、熊本県警察時代から警察官の指導だけでなく、市民剣士の指導にも携わって来た。剣道は、武術性・競技性・芸術性が必要であるという信念のもとに、強く美しい剣道を実践している。

# あなたの人生観・剣道観を変える一冊の本との出合い

### 読者の感想

「剣の道の楽しさ、おもしろさは人生の後半にあることを教えてもらいました」（50代男性）

「著者の人柄がよく出ており、こうして八段になれたことがわかりました」（40代男性）

「著者の心のつぶやきが漫画を読んでいるみたいで笑いましたが、その裏にはためになることが多く書かれた本だと思います」（60代男性）

「おもしろおかしく書いてありますが、剣道八段に受かる大変さや素晴らしさが分りました」（40代女性）

「剣道をとおした人間ドラマであり、剣道を人生に置き換えると身近なものに感じられました」（50代女性）

「人間味あふれるエピソードの数々。諦めなければ私でも八段になれるかもしれないという希望を抱きました」（60代男性）

～八段までの笑いあり涙なしの合格不合格体験記～

# 奇跡の合格 剣道八段への軌跡

**池澤清豪 著**　四六判並製288頁・定価：2,200円

39歳三段リバ剣、65歳八段挑戦、69歳9回目で合格。永遠の若大将を自負する整形外科医が、自ら綴る笑いあり涙なしの合格不合格体験記。諦めず継続すれば力となって桜咲く。
大いに笑い、感銘、発見することでやる気が生まれる、元気が出てくる、勇気がもらえる。剣の道を輝かせたいあなたに贈る。おもしろくためになる痛快剣道エッセイ！
「改めて読み直すと沢山の合格のヒントを書いているのに気付きました」（本文より）
この本を読めばあなたも奇跡を起こす!?

- 序に代えて
  親友(心友)と剣道八段は剣道の神様から授かったごほうび
- 第一章◉八段審査1回目の巻
  お互いが相手に尊敬の念を抱くことがお互いの向上になる
- 第二章◉八段審査2回目の巻
  不合格はさわやかに受け入れよう
- 第三章◉八段審査3回目の巻
  次回は審査員の魂を揺さぶる気根で臨むと決意する
- 第四章◉八段審査4回目の巻
  八段は向こうからやって来ない。失敗しても何度でも起き上がって挑戦しよう
- 第五章◉八段審査5回目の巻
  恩師の言葉「目標があれば、いつも青春」を思い出し、また次に向けて頑張るぞ
- 第六章◉八段審査6回目の巻
  八段審査は「わび」「さび」の枯れた剣道では評価されないと再認識する
- 第七章◉八段審査7回目の巻
  努力は報われる。いや報われない努力もあるが、諦めず継続すれば桜咲く
- 第八章◉八段審査8回目の巻
  六・七段合格のゲンの良い名古屋で八段審査会。しかし七転び八転び
- 第九章◉八段審査9回目、そして最終回の巻
  ま、まさかのまさかで八段合格。常日頃、手を合わせていた母。なにかいいことがあると「それは私が祈っていたからよ」
- あとがきに代えて
  親友であり心友であり続ける葛西良紀へ

# あなたの人生、剣道を導き支えてくれる本との出合い

## 良書復刊（オンデマンド版）

あなたは知っているか。師範室で語られた長老の佳話の数々

### 師範室閑話（新装版）

上牧宏 著　四六判248頁・定価：2,750円

「師範室閑話」は剣道時代に昭和61年8月号から昭和63年12月号にわたって連載。連載中から大いに評判を呼んだ。平成3年、連載当時のタイトルと内容を見直して再構成して単行本として発刊。刊行時、追加収録「桜田余聞」は筆者が歴史探訪中に偶然得た資料による。戦闘の生々しい活写は現代剣道家にとっても参考になるだろう。

**【収録項目】**

**一、全剣連誕生秘話**　戦後、剣道は禁止されたが、その暗黒時代を乗り越え、復活に情熱を傾ける人々がいた
**二、浮木**　一刀流の極意「浮木」とはどんな技か……
**三、かすみ**　上段に対抗し得る「かすみ」について説く
**四、機会と間合**　七段、八段の段審査における落とし穴を解明
**五、妙義道場 郷土訪問秘話**　妙義道場一行が郷里・上州（群馬県）を訪問。道中、持田盛二範士の清廉な人柄を物語るエピソードが……
**六、審査員の目**　ある地方で老九段が稽古後、静かな口調で話す
**七、斎村先生と持田先生の教え**　警視庁にも中には癖のある剣士がいた。そこで斎村、持田の両範士はどう指導したか
**八、古老の剣談**　修道学院（高野佐三郎）と有信館（中山博道）の門閥解消に努力した人
**九、ある故人の話を思い出して**　荒天の日の尚道館道場。晩年の斎村五郎範士と小野十生範士が余人を交えず剣を合わす
**十、小川範士回顧談**　剣と禅の大家、小川忠太郎範士は二十代の前半、三十歳で死んでもいいとして、捨て身の修行をする
**十一、桜田余聞**　桜田門外で井伊大老を襲ったのは、元水戸藩士十七名と元薩摩藩士十一名。其の攻防を活写し、逸話も紹介

---

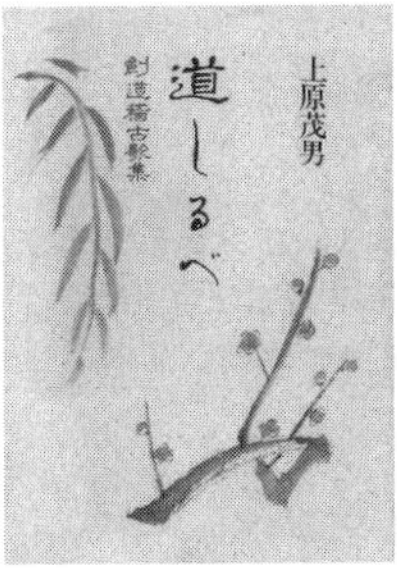


五七五七七調で理解しやすい

### 剣道稽古歌集 道しるべ

上原茂男 著　A5判176頁・定価：2,750円

本書は剣道時代1987年3月号から2年間にわたって連載されたものをまとめて平成元年に発刊。文武両道、芸術にも通じた上原茂男氏（剣道教士七段）が、岡田道場（館長岡田茂正範士）での修錬の過程で得た教訓を31文字にまとめた短歌約三百首を27項目に分け、その教訓の意味が歌とともに説明されている。含蓄深い道歌と分かりやすい説明文が、各々の剣道観を高めてくれると思います。歌を口ずさめばおのずと身体にしみこんでいくことでしょう。

**◆剣道に虚実は非ず常に実 実の中にも虚も有りにけり**

面を打つなら面、小手を打つなら小手を攻めるべきで、面を攻めているのは見せかけで、実は小手を打つという虚から実への移りは剣道にはいらない。剣道は実から実でなければならず、面で決めようとして面を打って失敗したら、相手の体勢を見て小手なり胴へいくのである。そして小手が決まったとしたら、その前の面が結果的には虚ということになり、小手が実という具合になる。しかし、あくまでも最初から実で打つことで虚が生まれてくることを忘れてはならない。

# こどもの居合道

末岡志保美 著

A5判オールカラー96頁・定価：1,540円

## 現代に生きる子供たちの力を育む

「こども向けのクラスを開講しませんか」

最初は、大人向けの指導と同じように難しい言葉を使ってしまったり、ひたすら型の稽古をさせてしまったりして、学びに来ている子たちを混乱させてしまった部分もありましたが（笑）。（中略）それらの指導を通じ、多くの子供たちと触れ合う中で、一つの強い疑問が生まれました。〝この子たちが生きていく上で、本当に必要なものはなんだろう？〟（中略）（私は）居合道に出会い日々の稽古を重ねる中で、少しずつ変化をしていきました。悩んだ時に、考えるための基準値というものが出来たのです。（著者「はじめに」より）

姿勢、体幹、集中力、コミュニケーションスキル…。現代を生きる子供たちにとって必要な力を育む伝統武道＝居合道。本書では、それらの力の源となる〝軸〟を身につけることをテーマに、イラストや図解を多く用いながら、子供たちに居合道を分かりやすく楽しく伝えていく。軸の体づくり、実技などは動画つき（QR コード）で解説しており、子供たちだけでなく、親子で一緒に楽しみながら取り組むこともできる、これまでになかった一冊。

## なんといってもためになる　剣道時代オススメ居合道の本

☆居合道教本のロングセラー

# 居合道 その理合と神髄

**檀崎友彦 著**　四六判並製・定価：3,850円

斯界の最高権威の檀崎友彦居合道範士九段が精魂込めて書き上げた名著を復刻。初伝大森流から中伝長谷川英信流、早抜きの部、奥居合の部など居合道教本の決定版である。

---

居合道で女子力アップ 凛々しく美しく強く

# 女子の居合道プログラム

**新陰流協会 監修**　A5判96頁・定価：1,518円

現代の世相を反映し、女性も強くなることへの関心が高まっている。ぜひ皆さんも新陰流居合道を学び、強く凛々しく美しくなる女子力向上に努めよう。本書が心身両面の強さを身につける道として居合道を学んでいくきっかけとなることを望んでいる。動画（QR コード）で所作・実技が学べる。

# 剣道人のバイブル 小川忠太郎関連良書

剣禅悟達の小川範士が説く珠玉の講話集

## 剣道講話（新装版）

**小川忠太郎 著**　A5判548頁・定価：4,950円

剣と禅の大家であり剣道界の精神的支柱として崇拝された小川範士初めての本格的な著書。3部構成。第一部「剣道講話」で剣道の理念を、第二部「不動智神妙録」で沢庵の名著を、第三部「剣と道」で論語・孟子等の大事な問題をそれぞれ解説。剣道の普遍性を改めて認識できる。★ロングセラー本

---

持田盛二範士十段—小川忠太郎範士九段

## 百回稽古（新装版）

**小川忠太郎 著**　A5判446頁・定価：4,180円

「昭和の剣聖」持田先生や当時の仲間との稽古の内容を小川範士は克明に記録し、絶えざる反省と発憤の糧とした。今その日記を読むと、一打一突に工夫・思索を深めていった修行の過程をたどることができる。

---

現代に生きる糧　小川忠太郎の遺した魂

## 刀耕清話

**杉山融 著**　A5判344頁・定価：2,750円

剣道を通じて人生を豊かなものにしたい人にオススメ。社会人としての私たちにとって大事なことは、剣道の修行を通して、しなやかでしっかりとした自己の確立をしていくこと、すなわち、事に臨んでも揺るがない本体の養成を平素から心掛けていくことにあると思います。（著者「まえがき」より）

# 剣道およびその他武道関連図書

剣技向上のために
**剣道上達の秘訣**
中野八十二範士指導
A5判・1,923円

本書は剣技向上をめざす剣士のために、剣道の技術に関するあらゆる要素を洗い出し、その一つ一つについてこの分野における斯界の第一人者である中野範士（九段）に具体的かつ詳細に解説して頂いた。
昭和60年発刊。重版を重ねるロングセラー。

---

現代剣道の源流「一刀流」のすべてを詳述
**一刀流極意(新装版)**
笹森順造著　A5判・4,730円

今日、古流の伝書類は各流ともほとんど散逸してしまったが、奇跡的にも日本最大の流派ともいうべき一刀流の極意書が完全な形で残されており、それらをもとに著者が精魂込めて書き上げた決定版である。

---

正しい剣道の学び方
**剣道の手順(オンデマンド版)**
佐久間三郎著　B5判・3,520円

「技術編」と「無くて七癖」に分かれ、技術編ではそれぞれのランクに応じた実技を解説。「無くて七癖」ではユニークな発想で、剣道におけるたくさんの癖を列挙し、上達を妨げる諸症状の一つ一つに適切な診断を下す。

---

剣禅悟達の小川範士が説く珠玉の講話集
**剣道講話(新装版)**
小川忠太郎著　A5判・4,950円

剣と禅の大家であり剣道界の精神的支柱として崇拝された小川範士初めての本格的な著書。「剣道講話」で剣道の理念を、「不動智神妙録」で沢庵の名著を、「剣と道」で論語・孟子等の大事な問題を解説。

---

持田盛二範士十段ー小川忠太郎範士九段
**百回稽古(新装版)**
小川忠太郎著　A5判・4,180円

「昭和の剣聖」持田先生や当時の仲間との稽古の内容を小川範士は毎日克明に記録し、絶えざる反省と発憤の糧とした。今その日誌を読むと、一打一突に工夫・思索を深めていった修行の過程をたどることができる。

---

現代に生きる糧　小川忠太郎の遺した魂
**刀耕清話**
杉山 融著　A5判・2,750円

剣道を通じて人生を豊かなものに。小川忠太郎範士九段が遺した崇高なこころを解説。充実した人生の実現に向けた道標となる一冊。

---

生涯剣道への道しるべ
**剣道年代別稽古法(オンデマンド版)**
角　正武著　四六判・3,300円

教育剣道を求め続けている著者が、各年代別に留意した稽古法を解説。心身一元的に技を追求する剣道永遠の「文化の薫り」を汲み取る剣道人必携の一冊。

---

人生訓の数々
**剣道いろは論語(オンデマンド版)**
井上正孝著　A5判・4,950円

斯界の現役最長老である井上範士が、いろは歌留多の形で先人の金言・格言を解説したもので、剣道家はもちろん剣道に関心を持つ一般大衆にも分かり易く、剣道への理解を深める上で大いに参考になるであろう。

---

人生に生きる
**五輪の書(新装版)**
井上正孝著　A5判・1,980円

本書は剣道界きっての論客である井上正孝範士が初めて剣道家のために書き下ろした剣道と人生に生きる「五輪書」の解説書である。

---

1世紀を超える道場の教えとは
**東京修道館剣道教本**
中村福義著　B5判・1,780円

私設道場100年以上の歴史を持つ東京修道館。三代にわたり剣道を通して剛健なる青少年育成に努めて多くの優秀な人材を輩出した。その教育方針を三代目中村福義氏が剣道時代誌上で発表したものをまとめた一冊。

---

昇段審査・剣道指導にもこの一冊！
**剣道の法則**
堀籠敬蔵著
四六判上製・2,750円

剣を学ぶ　道を学ぶ
それぞれの段位にふさわしい教養を身に付けてほしいものである。お互いがそれぞれの技倆に応じた理論を身に付けることこそ、剣道人として大事なことではないだろうか。　著者「はじめに」より

---

風が生まれる　光があふれる
**天馬よ　剣道宮崎正裕**
堂本昭彦著　A5判上製・2,090円

全日本選手権大会６回優勝、うち連覇２回。全国警察官大会６回優勝。世界剣道選手権大会優勝。平成の剣道界に新しい風と光をもたらした宮崎正裕とその同時代に活躍した剣士たちの青春と試合の軌跡をさわやかに描いた剣道実録小説。

# 剣道およびその他武道関連図書

昇段審査を目指す人必読
**剣道 審査員の目 1.2.3**
「剣道時代」編集部編
四六判上製・各巻2,200円(第3巻は並製)

剣道範士75人が明かす高段位審査の着眼点と修行の心得とは—。剣道の理想の姿を求める人たちへの指針ともなるシリーズ。あなたはここを見られている！
意外な点に気づかされ、自分の剣道を見つめ直すことも合格へとつながる道となるだろう。

---

**剣道昇段審査合格の秘密**
剣道時代編集部編　**(新装版)**
A5判・2,750円

合格率1パーセント。日本最難関の試験に合格した人達はどんな稽古を実践したのか。八段合格者88人の体験記にその秘密があった。

---

全日本剣道連盟「杖道」写真解説書
**改訂 杖道入門**
米野光太郎監修、松井健二編著
B5判・3,666円

平成15年に改訂された全剣連杖道解説書に基づいた最新版。豊富な連続写真を元に懇切丁寧な解説付。杖道愛好者必携の書。全国稽古場ガイド付

---

古流へのいざないとしての
**杖道打太刀入門**
松井健二著　A5判・2,750円

杖道の打太刀の解説を通して、太刀遣いの基本や古流との相違点を易しく説いた入門書。武道家なら知っておきたい基本極意が満載。

---

**水南老人講話　宮本武蔵**
堂本昭彦・石神卓馬著
A5判上製・3,080円

あの武術教員養成所で多くの俊秀を育てた水南楠正位がとくに剣道家のために講義した宮本武蔵。大日本武徳会の明治もあわせて収録した。

---

小森園正雄剣道口述録　冷暖自知　改題
**剣道は面一本(新装版)**
大矢　稔編著 A5判・2,200円

「剣道は面一本！その答えは自分で出すものである」元国際武道大学武道学科主任教授小森園範士九段が口述された剣道の妙諦を忠実に記録。

---

生涯剣道はいがっぺよ
**百歳までの剣道**
岡村忠典著 四六判上製・2,640円

剣道大好き人間がすすめる生涯剣道のクスリ。「向上しつつ生涯剣道」を続けるための稽古法や呼吸法など従来にはなかった画期的な本。

---

生涯剣道をもとめて
**石原忠美・岡村忠典の剣道歓談**
石原忠美・岡村忠典著
四六判上製・2,640円

90歳現役剣士が生涯をかけて体得した剣道の精髄を聞き手名手の岡村氏が引出す。以前に刊行した「円相の風光」を改題、増補改訂版。

---

**生涯錬磨　剣道稽古日誌**
倉澤照彦著 A5判上製・3,080円

50歳で剣道八段合格。自分の修行はこれからだと覚悟を固めた著者53歳〜64歳の12年間の稽古反省抄。今は亡き伝説の名剣士も多数登場。

---

ゼロからわかる木刀による
**剣道基本技稽古法(DVD付)**
太田忠徳解説　B5判・2,200円

剣道級位審査で導入にされた「木刀による剣道基本技稽古法」。本と動画で指導上のポイントから学び方まで制定に携わった太田範士がわかりやすく解説。DVD付

---

**居合道審査員の目**
「剣道時代」編集部編
四六判上製・2,200円

居合道審査員は審査でどこを見て何を求めているか。15人の八段審査員が明かした審査上の着眼点と重要項目。よくわかる昇段への道。

# 剣道およびその他武道関連図書

剣道時代ブックレット②
**悠久剣の道を尋ねて**
堀籠敬蔵著　四六判・838円

京都武専に学び、剣道範士九段の著者が剣道生活八十年の総まとめとして日本伝剣道の歩みをまとめた魂の叫び。若き指導者に望むもの。

剣道はこんなに深い
**快剣撥雲　豊穣の剣道**
**(オンデマンド版)**
作道正夫著　A5判・2,750円

剣道もわれわれ人間と同様この時代、この社会に生きている。
日常にひそむ剣道の文化性、教育性、社会性を透視し、その意義を問いなおす。
思索する剣道家作道正夫の剣道理論が初めて一冊の本になった。大阪発作道流剣道論。

**剣道極意授けます**
剣道時代編集部編
B5判・2,475円

10名の剣道八段範士（小林三留、岩立三郎、矢野博志、太田忠徳、小林英雄、有馬光男、渡邊哲也、角正武、忍足功、小坂達明）たちがそっと授ける剣道の極意。教科書や教本には絶対に載っていない剣道の極意をあなたにそっと授けます。

**末野栄二の剣道秘訣**
末野栄二著 B5判・2,750円

全日本選手権優勝、全剣連設立50周年記念優勝等ながく剣道界で活躍する著者が、自身の優勝体験をもとに伝授する剣道上達の秘訣が凝縮された力作

本番で差が付く
**剣道のメンタル強化法**
矢野宏光著 四六判・1,760円

実戦で揺るがない心をつくるためのアドバイス。スポーツ心理学者が初めて紐解く、本番（試合・審査）で強くなりたい人のための剣道メンタル強化法。

**社会人のための考える剣道**
祝 要司著 四六判・1,760円

稽古時間が少ない。トレーニングが出来ない。道場へ行けない。もんもんと地稽古だけ続けている社会人剣士に捧げる待望の一冊。

**強くなるための**
**剣道コンディショニング&トレーニング**
齋藤実編著 B5判・2,750円

剣道の試合に勝つ、審査に受かるには準備が必要だ。トレーニング、食事、水分摂取の方法を新進の研究者たちはわかりやすく紹介する。

名手直伝
**剣道上達講座1・2・3**
剣道時代編集部編
B5判・1,2巻2,475円 3巻1,760円

16人の剣道名手（八段範士）が公開する剣道上達の秘訣。中級者以上はここから基本と応用を見極め、さらなる上達に必須の書。有馬光男、千葉仁、藤原崇郎、忍足功、船津普治、石田利也、東良美、香田郁秀、二子石貴資、谷勝彦ほか

**剣道は乗って勝つ**
岩立三郎著 B5判・1,980円

日本はもとより海外からも多数の剣士が集まる「松風館道場」。その館長岩立範士八段が剣道愛好家に贈る剣道上達のためのポイント。

**剣道特訓これで進化(上)・(下)**
剣道時代編集部編
B5判・各巻1,760円

昇段をめざす市民剣士のための稽古読本。多数の剣道カリスマ講師陣たちがいろいろな視点から剣道上達のために役立つ特訓を行なう。

**仕事で忙しい人のための**
**剣道トレーニング(DVD付き)**
齋藤　実著 B5判・2,970円

少しの工夫で一回の稽古を充実させる。自宅で出来る簡単トレーニングを中心に剣道上達に役立つストレッチ等の方法を紹介。

**全日本剣道選手権者の稽古**
剣道時代編集部編
B5判・1,980円

全日本選手権大会優勝をはじめ各種大会で栄冠を手にした４名の剣士たち（高鍋進・寺本将司・原田悟・近本巧）が実践する稽古法を完全収録。

# 剣道およびその他武道関連図書

## 勝って打つ剣道

古川和男著

B5判126頁・1,760円

隙があれば打つ。隙がなければ崩して打つ。強くて美しい剣道で定評のある古川和男範士が、勝って打つ剣道を指導する、珠玉の一冊。一足一刀の間合から一拍子で打つ剣道を求めよう

正しく美しい剣道を求める

## 優美な剣道 出ばな一閃

谷勝彦著

B5判132頁・1,760円

正しく美しい剣道を求めてきた谷勝彦範士。目指した山の頂を一つ超えると、見える景色もまた変わる。常に新たな発見・体験があると信じて挑戦を続けることが剣道だ。これまでの自分の修行から得たものをまとめたのが本書である。本書での二つの大きなテーマは根本的・本質的に別々のものではなく共通点や関連性があるという。

## 剣道昇段への道筋(上)・(下)

剣道時代編集部編

A5判・各巻2,475円

2007年～2012年の日本最難関の試験である剣道八段審査の合格者の生の体験記から審査合格の法則を学べ！

## 脳を活性化させる剣道

湯村正仁著

四六判・1,430円

正しい剣道が脳を活性化。免疫力・学力向上・老化予防も高める。その正しい剣道を姿勢、呼吸、心の観点から医師で剣道範士八段の筆者が紐解いて詳解する。

## 年齢とともに伸びていく剣道

林　邦夫著

A5判・2,200円

質的転換を心がければ、剣道は何歳になっても強くなれる。年齢を重ねてもなお最高のパフォーマンスを発揮するための方法を紐解く。

## 詩集 剣道みちすがら

国見修二著

A5判・1,375円

剣道を愛する詩人・国見修二が詩のテーマにはならないと思われていた剣道をテーマに綴った四十篇の詩。これは正に剣道の指南書だ！

## 剣道 強豪高校の稽古

剣道時代編集部編

B5判・2,200円

九州学院、水戸葵陵、明豊、本庄第一、高千穂、奈良大付属、島原の7校の稽古が事細かく写真と共に紹介されている。

## 剣道 強豪大学の稽古

剣道時代編集部編

B5判・1,760円

学生日本一に輝いた国士舘大学、筑波大学、鹿屋体育大学、大阪体育大学の4校の稽古を連続写真であますところなく紹介。映像を見るならDVDも発売中（定価・4,950円）

# オススメ図書

あの王貞治、高倉健も学んだ羽賀剣道の気攻めと手の内

## 昭和の鬼才 羽賀準一の剣道

卯木照邦著

B5判並製・1,760円

羽賀準一の剣道は気迫・気位で脳髄・内臓を圧迫することだった。年を重ねても気を高めることができると考えていた。著者は学生時代から羽賀準一に師事し、現在一剣会羽賀道場三代目会長として羽賀精神の継承に努めている。

特製函入り　永久保存版

## 徳江正之写真集「剣道・伝説の京都大会（昭和）」

A4判・7,700円　**（オンデマンド版）**

初の京都大会写真集。剣道を愛した写真家徳江正之が寡黙に撮り続けた京都大会の記録。なつかしい昭和のあの風景この人物、伝説の立合がいまよみがえる。

208ページ　（2017年４月発行）

## コーチングこんなときどうする？

高畑好秀著

A5判・1,760円

『いまどきの選手』があなたの指導を待っている。困った状況を解決する30の指導法を具体的な事例で実際の打開策を提示、解説する。　（2017年11月発行）

## 剣道「先師からの伝言」（上）・（下）

矢野博志著

B5判・各巻1,430円

60年の長きにわたって修行を続ける矢野博志範士八段が、先師から習得した心技体をあきらかにし、その貴重な伝言をいま語り継ぐ。　（2017年11月発行）

## 剣道 心の鍛え方

矢野宏光著

四六判・1,760円

大好評の『剣道のメンタル強化法』に次ぐ、著者の剣道メンタル強化法第２弾。パフォーマンス発揮のための心理的課題の改善に向けた具体的な取組方法をアドバイスする。　（2018年４月発行）

# オススメ図書

## 心を打つ剣道

石渡康二著
A5判・2,750円
自分らしい「心を打つ剣道」すなわち勝敗や強弱ではなく真・善・美を共感する剣道に近づくための、七つの知恵を紹介する。　　　　　　（2018年７月発行）

## 心に響け剣の声

村嶋恒徳著
A5判・3,300円
組織で働く人は利益をめざすため顧客と対峙して戦略・戦術に従って、機を見て打ち込んでいく。剣道の本当の修錬の姿は、正にビジネスにおけるマーケティングの理想と同じであり、道の中で利益を出すことを理想とする、この剣道の考え方を働くリーダーのために著者が書き下ろした魂の作品。　（2025年1月発行）

二人の武人が現代人に伝える真理
## 柳生十兵衛と千葉真一

小山将生著（新陰流協会代表師範）
A5判・1,540円
新陰流を通じて千葉真一氏と親しく交流していた著者が、なぜ千葉氏が柳生十兵衛を敬愛していた理由を説き明かす。

## 剣道修錬の着眼点

濱﨑満著
B5判・1,760円
剣道は生涯剣道といわれるように終わりがない。生涯にわたり追求すべき素晴らしい伝統文化としての剣道。その剣道修錬の着眼点とは。　　（2018年11月発行）

## 筋トレが救った癌との命がけの戦い

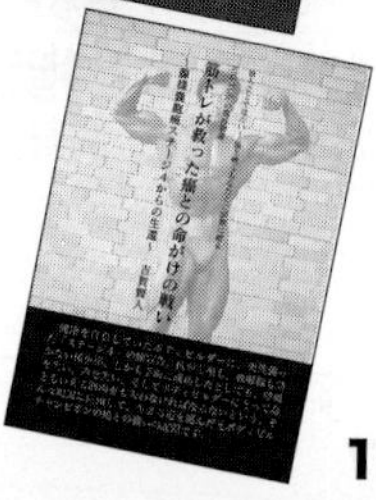


吉賀賢人著
A5判・1,980円
ボディビルダーに突然襲った癌の宣告。抗がん剤も放射線も効かない稀少癌。その元ボディビルチャンピオン『吉賀賢人』の癌との戦いの記録。
（2019年１月発行）

# 武道名著復刻シリーズ（オンデマンド版）

## 剣法至極詳伝
**木下壽徳著**
大正２年発行／四六判・3,080円

東京帝国大学剣道師範をつとめた木下翁の著になる近代剣道史上の名著を復刻。初歩から奥義に至る次第を五七調の歌に託し、道歌の一つ一つに解説がつけられている。

## 剣道秘要
**宮本武蔵著　三橋鑑一郎註**
明治42年発行／四六判・2,750円

2003年大河ドラマ関連本。武蔵が体得した勝負の理論を試合や稽古に生かしたい人、武蔵研究の材料を求めている人など、武蔵と「五輪書」に興味を持つ人におすすめしたい良書。

## 二刀流を語る
**吉田精顕著**
昭和16年発行／四六判・3,080円

武蔵の二刀流を真正面から取り上げた異色の書。二刀の持ち方から構え方、打ち方、受け方、身体の動作などの技術面はもちろん、心理面に至るまで解説された二刀流指南書。

## 日本剣道と西洋剣技
**中山博道・善道共著**
昭和12年発行／四六判・3,520円

剣道に関する書物は多数発行されているが、西洋剣技と比較対照した著述は、恐らく本書が唯一のものと言える。剣道の概要について外国人が読むことを考慮して平易に書かれている。

## 剣道手引草
**中山博道著**
大正12年発行／四六判・1,980円

剣道・居合道・杖道合わせて三道範士だった著者の門下からは多数の俊才が巣立ち、我が国剣道界に一大剣脈を形成した。その教えについて平易に解説した手引書。

## 剣道の発達
**下川 潮著**
大正14年発行／四六判・4,620円

下川氏ははじめ二天一流を学び、その後無刀流を学ぶかたわら西洋史を修め、京都帝大に入り武道史を研究した結果、本書を卒論として著作した。後世への遺著として本書が発行された。

## 剣道指南
**小澤愛次郎著**
昭和３年発行／四六判・3,300円

初版が発売されるや爆発的な評判となり、版を重ねること20数版という剣道の書物では空前のベストセラーとなった。附録に近世の剣士34人の小伝及び逸話が収録されている。

## 皇国剣道史
**小澤愛次郎著**
昭和19年発行／四六判・3,300円

剣道の歴史について詳述した書物は意外に少なく、古今を問わず技術書が圧倒的に多い。その点、神代から現代までの各時代における剣道界の動きを説いた本書は一読の価値あり。

## 剣道修行
**亀山文之輔著**
昭和７年発行／四六判・3,300円

昭和７年発行の名著を復刻。教育の現場で剣道指導に携わってきた著者が剣道修得の方法をわかりやすく解説している。

## 剣道神髄と指導法詳説
**谷田左一著　高野茂義校閲**
昭和10年発行／四六判・5,280円

668頁にも及ぶ大書であり、剣道に関するいろいろな項目を広範囲にとらえ編纂されている不朽の名著をオンデマンド復刻した。今なお評価の高い一冊である。

# 武道名著復刻シリーズ（オンデマンド版）

## 剣道講話
堀田捨次郎著
昭和10年発行／四六判・3,630円

昭和４年に天覧試合に出場したのを記念して執筆、編纂したもの。著者は数多くの剣道書を残しているが、本書はその決定版ともいえる一冊である。

## 剣道新手引
堀田捨次郎著
昭和12年発行／四六判・2,860円

昭和12年初版、13年に再版発行した名著を復刻。警視庁武道師範の著者が学校・警察・社会体育等の場で教育的に剣道を指導する人たちに贈る手引書。

## 千葉周作遺稿
千葉榮一郎編
昭和17年発行／四六判・3,630円

昭和17年発行の名著を復刻。
剣法秘訣」「北辰一刀流兵法目録」などを収録したロングセラー。

## 剣道極意
堀田捨次郎著
大正７年発行／四六判・3,740円

剣道の根本理念、わざと心の関係、修養の指針などを理論的に述べ、剣道の妙締をわかりやすく説明している。大正中期の発行だが、文章も平易で漢字は全てふりがな付きで、中・高校生でも読むことができる。

剣道時代ライブラリー
## 居合道 －その理合と神髄－
檀崎友彰著
昭和63年発行／四六判・3,850円

斯界の最高権威が精魂込めて書き上げた名著を復刻。初伝大森流から中伝長谷川英信流、早抜の部、奥居合の部など居合道教本の決定版。

剣道時代ライブラリー
## 剣道の学び方
佐藤忠三著
昭和54年発行／四六判・2,420円

32歳で武道専門学校教授、のちに剣道範士九段となった著者が、何のために剣道を学ぶのか、初心者でもわかるように解説した名著を復刻。

剣道時代ライブラリー
## 私の剣道修行 第一巻・第二巻
「剣道時代」編集部編
第一巻　昭和60年発行／四六判・5,280円
第二巻　昭和61年発行／四六判・7,150円

我が国剣道界最高峰の先生方48名が語る修行談。各先生方のそれぞれ異なった血の滲むような修行のお話が適切なアドバイスになるだろう。先生方のお話を出来るだけ生のかたちで収録したため、一人ひとりに語りかけるような感じになっている。

剣道時代ライブラリー
## 帝国剣道教本
小川金之助著
昭和７年発行／四六判・3,080円

武専教授・小川金之助範士十段の良書を復刻!!
昭和６年４月、剣道が中等学校の必須科目となった。本書は、その中等学校の生徒に教えるために作られた教科書であり、良書として当時広く読まれていた。

## スポーツ関連およびその他オススメ図書

スポーツで知る、人を動かす言葉

### スポーツと言葉

西田善夫著 B6判・1,047円

元 NHK スポーツアナウンサーの著者が高校野球の名監督・木内幸男氏を中心にイチロー、有森裕子らの名選手の言葉と会話術に迫る。（2003年12月発行）

対談・現代社会に「侍」を活かす小池一夫術

### 不滅の侍伝説『子連れ狼』

小池一夫・多田容子共著 四六判・1,650円

名作『子連れ狼』で描かれる「侍の魅力」について、原作者小池一夫氏が女流時代小説家多田容子氏と対談。侍ブームの今、注目の書。（2004年8月発行）

殺陣武術指導**林邦史朗**

特別対談／役者・緒形拳 × 殺陣師・林邦史朗

男二人お互いの人生に感ずる意気

林邦史朗著 四六判上製・1,760円

大河ドラマ殺陣師として知られる林邦史朗氏が殺陣の見所や作り方を紹介。さらに終章で殺陣が持つ魅力を役者緒形拳氏とともに語っていく。（2004年12月発行）

北京へ向けた０からのスタート

### 井上康生が負けた日

柳川悠二著 四六判・1,320円

日本中が驚いたアテネ五輪での「本命」、柔道井上康生の敗北理由を彼の父であり師でもある井上明氏への密着取材から導いていく。（2004年12月発行）

### 座頭鯨と海の仲間たち 宮城清写真集

宮城 清著 B5判・1,980円

沖縄慶良間の海に展開するザトウクジラを撮り続けて20年。慶良間の海で育ったカメラマン宮城清が集大成として上梓する渾身の一冊。（2005年12月発行）

定説の誤りを正す

### 宮本武蔵正伝

森田　栄著 A5判・3,850円

今までいくつの武蔵伝が出版されてきたであろう。著者があらゆる方面の資料を分析した結果解明された本当の武蔵正伝。（2014年10月発行）

### 自転車旅のすすめ

のぐちやすお著 A5判・1,760円

サイクリングの魅力にとりつかれ、年少時の虚弱体質を克服。１９８１年以来、世界中を計４３万キロ走破。その著者がすすめる自転車旅。（2016年７月発行）

## スポーツ関連およびその他オススメ図書

### 勝負を決する！ スポーツ心理の法則
**高畑好秀著 四六判・1,760円**
心を強く鍛え、選手をその気にさせる18のメンタルトレーニングを「なぜ、それが必要なのか」というところから説き起こして解説。(2012年1月発行)

### もっとその気にさせるコーチング術
**高畑好秀著 四六判・1,760円**
選手と指導者のためのスポーツ心理学活用法。選手の実力を引出す32の実戦的方法。具体例、実践アドバイス、図解で選手が変わる！(2012年9月発行)

### スポーツ傷害とリハビリテーション
**小山 郁著 四六判・1,980円**
スポーツで起こりやすい外傷・障害についてわかりやすく解説。重症度と時間経過に応じた実戦的なリハビリプログラム40。(2013年12月発行)

### チーム力を高める36の練習法
**高畑好秀著 A5判・1,760円**
本番で全員が実力を出しきるための組織づくり。チーム力アップに必要なユニークな実践練習メニューを紹介。楽しみながらスキルアップ。(2014年4月発行)

### やってはいけないコーチング
**高畑好秀著 四六判・1,760円**
ダメなコーチにならないための33の教えをわかりやすくレクチャー。好評の「もっとその気にさせるコーチング術」に続く著者第3弾。(2015年3月発行)

### 女子選手のコーチング
**八ッ橋賀子著 A5判・1,760円**
今や目を見張る各スポーツ界における女子選手の活躍。経験から養った「女子選手の力を100%引き出すためのコーチング術」を伝授。(2015年7月発行)

### 野球こんなときどうする？
**高畑好秀著 A5判・1,760円**
野球の試合や練習中に直面しそうなピンチの場面を30シーン取り上げて、その対処法と練習法を教えます。自分でできるメンタル調整法。(2016年1月発行)

### 選手に寄り添うコーチング
**八ッ橋賀子著 A5判・1,760円**
著者、八ッ橋賀子のコーチング第二弾！　メンタルトレーナーの著者が、いまどきの選手をその気にさせ、良い結果を得るために必要な選手に寄り添うコーチング術を伝授する。(2017年３月発行)

# ボディビルディングおよび ウエイトトレーニング関連図書

ポイント整理で学ぶ実践・指導のマニュアル
## 競技スポーツのための ウエイトトレーニング
有賀誠司著　B5判・3,300円

ウエイトトレーニングが競技力向上や傷害事故の予防に必須であるという認知度が上がってきている中、指導者に問われる基礎項目はもちろん、各部位別のトレーニングのテクニックを約600点におよぶ写真付きで詳しく解説している。

ボディビルダー必読、究極の筋肉を作り上げる
## ボディビルハンドブック
クリス・アセート著 A5判・1,980円

ボディビルダーにとってトレーニングと栄養学についての知識は必須のものであるが、その正しい知識を身に付け是非ともその努力に見合った最大限の効果をこの一冊から得てほしい。又ストレングスの向上をめざすトレーニーにもお勧めである。

すぐに役立つ健康と体力づくりのための
## 栄養学ハンドブック
クリス・アセート著 A5判・1,980円

我々の身体は日々の食事からつくられている。そして、その身体を正常に機能させるにはさまざまな栄養素が必要である。その一方で、最近は栄養の摂りすぎ又バランスのくずれが大きな問題となっている。では、どのようなものをどのくらい食べればよいか、本書が答えてくれる。

トレーニングの歴史がこの一冊でわかる
## 私のウェイトトレーニング50年
窪田 登著 A5判上製函入・8,905円

ウエイトトレーニングの先駆者である窪田登氏が自ら歩んできた道程を書き綴った自叙伝に加え、ウエイトトレーニングの歴史、そこに名を残す力技師たちなどが紹介されている。ウエイトトレーニング愛好者なら必ず手元に置いておきたい一冊。

パワーリフティングの初歩から高度テクまで
## パワーリフティング入門
吉田　進著　B5判・1,620円

スクワット、ベンチプレス、デッドリフトの挙上重量のトータルを競うパワーリフティング。強くなるためには、ただ重いものを挙げれば良いというものではない。そこには科学的で合理的なアプローチが存在する。その方法が基礎から学べる一冊。

トップビルダーの鮮烈写真集
## BODYBUILDERS
岡部充撮影　直販限定本（書店からは不可）
A4判上製・特価2,989円（カバーに少し汚れ）

80年代から90年代にかけて活躍した海外のトップビルダーたちが勢ぞろいした贅沢な写真集。リー・ヘイニー、ショーン・レイ、ビンス・テイラー、ティエリー・パステル、ロン・ラブ、ミロス・シャシブ、リッチ・ギャスパリ、フレックス・ウィラー他

スポーツマンのための
## サプルメントバイブル（新装版）
吉見正美著　B5判・2,090円

日本でも最近スポーツ選手を中心に大いに注目されるようになったサプルメント。それは通常の食事からは摂りきれない各種の栄養を補う栄養補助食品のこと。本書は種類およびその使用方法から適切な摂取量などにわたり、すぐに役立つ情報が満載。

初心者でも一人で学べる
## 部位別ウエイトトレーニング
小沼敏雄監修　B5判・1,650円
（85、87～99年日本ボディビル選手権チャンピオン）

ウエイトトレーニングを始めたい、でもスポーツジムへ行くのは嫌だし身近に教えてくれる人もいない。この本は各筋肉部位別にエクササイズを紹介し、基本動作から呼吸法、注意点等を分かりやすく解説しているので、これからウエイトトレーニングを始めたい人にも是非おすすめしたい一冊。

# ボディビルディングおよび ウエイトトレーニング関連図書

| | |
|---|---|
| 理論と実践で100%成功するダイエット<br>**ダイエットは科学だ**<br>クリス・アセート著<br>A5判1,430円 | この本を読み切る事は少々困難かもしれない。しかし、ダイエット法はすでに学問であり科学である。そのノウハウを修得しなければ成功はあり得ない。だが、一度そのノウハウを身に付けてしまえばあなたは永遠に理想のボディを手に入れることができる。 |
| 日本ボディビル連盟創立50周年記念<br>**日本ボディビル連盟50年の歩み**<br>50年史編纂委員会編集<br>A4判・2,750円 | 敗戦の混乱の中、ボディビルによって明るく力強い日本の復興を夢みた男たちの活動が、JBBFの原点だった。以来数々の試練を乗り越えて日本オリンピック委員会に正式加盟するに至る激動の歴史を、各種の大会の歴史とともに網羅した、資料価値の高いビルダー必携の記念誌。 |
| スポーツトレーナーが指導している<br>**これが正しい筋力トレーニングだ！**<br>21世紀筋力トレーニングアカデミー著<br>B5判・1,572円 | 経験豊富なスポーツトレーナーが、科学的データを駆使して解説する筋力トレーニングの指導書。競技能力を高めたいアスリート必見！「特筆すべきは、トレーニングの基礎理論と具体的方法が研究者の視線ではなく、現場指導の視線で捉えられている」（推薦文・石井直方氏） |
| **筋力トレーニング法100年史**<br>窪田 登著　B6判・1,100円 | 80年代発刊の名書に大幅に加筆、訂正を加え復刻させた待望の一冊。ウェイトトレーニングの変遷を写真とともに分かりやすく解説。 |
| スポーツトレーナー必読！<br>**競技スポーツ別 ウェイトトレーニングマニュアル**<br>有賀誠司著　B5判・1,650円 | 筋力トレーニングのパフォーマンス向上の為に競技スポーツ別に解説する他、走る・投げる・打つ等の動作別にもくわしく解説している。 |
| **続・パワーリフティング入門**<br>吉田 進著　B5判・2,090円 | 現在発売中の『パワーリフティング入門』の続編。中味をさらにステップアップさせた内容となり、より強くなりたい方必読の一冊。 |
| **ベンチプレス 基礎から実践**<br>東坂康司著　B5判・2,860円 | ベンチプレスの基本事項ならびに実際にトレーニングを行う上での重要ポイントを分かりやすく具体的に解説。ベンチプレス本初の出版。 |
| **ベンチプレス フォームと補助種目**<br>東坂康司著　B5判・1,980円 | 大好評のシリーズ第１巻「基礎から実践」に引続いて、個別フォームの方法やベンチプレス強化の上でも効果のある補助種目を詳細に解説。 |
| **究極のトレーニングバイブル**<br>小川 淳著　B5判・1,650円 | 肉体と精神　究極のメンタルトレーニングであるヘビーデューティマインドこそ、ウエイトトレーニングに悩む多くの競技者の一助になる一冊である。 |
| **アスリートのための 分子栄養学**<br>星 真理著　B5判・2,343円 | 人それぞれで必要な栄養量は大きく違うはずである。本書では、分子栄養学的に見た栄養と体の働きの深い関わりを分かりやすく解説。 |

# (株)体育とスポーツ出版社

〒135-0016　東京都江東区東陽2-2-20 3F

**[営業・広告部]**

TEL 03-6660-3131　FAX 03-6660-3132

Eメール　eigyobu-taiiku-sports@thinkgroup.co.jp

郵便振替口座番号　00100－7－25587　体育とスポーツ出版社

**[剣道時代編集部]**

〒101-0065　東京都千代田区西神田2-4-6宮川ビル2F

TEL 03-6265-6554　FAX 03-6265-6553

**[ボディビルディング編集部]**

〒179-0071　東京都練馬区旭町3-24-16-102

TEL 03-5904-5583　FAX 03-5904-5584